中级财务会计导学

（第3版）

欧阳爱平　等编

国家开放大学出版社·北京

图书在版编目（CIP）数据

中级财务会计导学／欧阳爱平等编．—3版．—北京：
中央广播电视大学出版社，2015.8（2018.5重印）

ISBN 978 - 7 - 304 - 07281 - 0

Ⅰ．①中…　Ⅱ．①欧…　Ⅲ．①财务会计 - 开放大学 -
教材　Ⅳ．①F234.4

中国版本图书馆 CIP 数据核字（2015）第 165882 号

中级财务会计导学（第3版）

ZHONGJI CAIWU KUAIJI DAOXUE

欧阳爱平　等编

出版·发行：国家开放大学出版社（原中央广播电视大学出版社）
电话：营销中心 010 - 68180820　　　总编室 010 - 68182524
网址：http://www.crtvup.com.cn
地址：北京市海淀区西四环中路 45 号　　邮编：100039
经销：新华书店北京发行所

策划编辑：郑　倩　　　　　　版式设计：赵　洋
责任编辑：陆　恬　　　　　　责任校对：张　娜
责任印制：赵连生

印刷：北京明月印务有限责任公司　　印数：68001～84000
版本：2015 年 8 月第 3 版　　　　2018 年 5 月第 6 次印刷
开本：787mm×1092mm　1/16　　印张：13　字数：284 千字

书号：ISBN 978 - 7 - 304 - 07281 - 0
定价：21.00 元

开放式、自主式学习，是国家开放大学学生的特点。引导学生更好地理解主教材的内容，帮助学生掌握其中的重点与难点，进而提高其阅读主教材的能力与效率，是我们进行教学辅导的一贯宗旨。为配合"中级财务会计"课程的学习，每版主教材修订时，我们都准备了与之配套的辅导教材——《中级财务会计导学》。自2008年投入使用以来，《中级财务会计导学》深受学生与授课教师的好评。2014年，我国财政部颁布了《企业会计准则第39号——公允价值计量》等3项全新的企业会计准则，同时修订了5项企业会计准则。为适应企业会计准则变化对企业会计工作的要求，培养厚基础、国际化、应用型的会计人才，编者对2008年修订出版的《中级财务会计》（第3版）进行了修订。与此相适应，我们对2009年出版的《中级财务会计导学》（第2版）进行了修订与完善。新版教材具有系统性、导学性及实用性的特点，力求体现我国企业会计准则的最新要求。

《中级财务会计导学》（第3版）每章内容分为三部分：第一部分为内容提要；第二部分为重点、难点问题解析；第三部分为综合练习题。其中，综合练习题题型包括：单项选择题、多项选择题、简答题和业务题。多题型、多角度的练习，有助于强化学生处理企业会计实务的能力。在附录部分，本书提供了综合练习题中选择题与业务题的答案，以及一般企业常用的会计科目表。

本书由北京工商大学欧阳爱平教授组织编写，参与编写的人员及具体分工如下：北京工商大学何玉润，第一章、第四章；北京工商大学周志彬，第二章、第十一章；北京工商大学欧阳爱平，第五章、第六章、第九章、第十章、第十二章；北京工商大学阳光，第十三章、第十四章；国家开放大学艾大力，第三章、第七章、第八章。

为学生服务，帮助学生提高学习"中级财务会计"课程的效率与质量，是本书编写的宗旨。书中若有错漏，敬请读者海涵。

编　者

2015年5月

CONTENTS 目 录

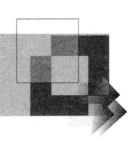

第一章 总 论

一、内容提要

财务会计工作是按会计准则的要求对企业发生的交易和事项进行确认、计量和报告，向有关各方提供会计信息的活动。"中级财务会计"是前续课程"基础会计学"在内容方面的深化与具体化。本章既统率全书其他各章，同时又联结基础会计学课程的相关内容，起着承上启下的作用。本章主要内容有：财务会计的特征、目标，会计确认条件，会计计量属性等。

二、重点、难点问题解析

（一）财务会计的特征

按报告对象不同，会计分为财务会计与管理会计。财务会计提供的信息主要为企业外部的信息使用者使用，又称对外报告会计；管理会计提供的信息主要为企业管理当局进行内部管理使用，故称对内报告会计。财务会计的特征是相对于管理会计而言的一些特性，主要有：

（1）以企业外部的报表使用者作为直接的服务对象。这些服务对象包括企业的投资者、债权人、政府部门等。同时财务会计也为企业管理当局提供加强内部管理所需要的会计信息。

（2）有一套约定俗成的会计程序和方法。这些程序和方法包括会计确认、计量、记录与报告的工作程序以及将各项经济业务加工成对使用者有用的财务信息的一套方法，如设置会计科目与账户、填制与审核会计凭证、复式记账、登记账簿、成本计算、财产清查、编制财务报表等。

（3）有一套系统的规范体系。财务会计在加工信息过程中，必须严格遵循国家的会计规范。这是提供高质量会计信息的保证。

（二）财务会计的目标

会计目标是指会计工作所要达到的目的。财务会计有两个特点：一是采用货币作为主要计量单位，二是具有会计核算和会计监督两个基本职能。向信息使用者提供对其进行经济决策有用的会计信息，包括财务信息与非财务信息，是财务会计的目标。从财务会计目标的层次上看，这种一般性表述是对财务会计目标的高度概括，属于基本目标。在基本目标的指导下，确定特定环境中财务报表的使用者以及他们需要什么信息、财务会计能够提供哪些信息，从而最终为确定财务会计报表的内容、构成与形式提供指南，称为财务会计的具体目标。

企业组织形式不同，财务会计的具体目标存在差异。《企业会计准则——基本准则》（以下简称《基本准则》）第四条规定：财务会计报告的目标是向财务会计报告使用者提供与企业财务状况、经营成果和现金流量等有关的会计信息，反映企业管理层受托责任履行情况，有助于财务会计报告使用者做出经济决策。显然，这是从公司制企业的角度规定财务会计的目标。

（三）会计确认与会计计量

会计确认是将符合会计要素定义及满足确认标准的事项纳入财务报表的过程。确认仅限于财务报表项目，不涉及表外信息。要将某项目在财务报表中予以确认，该项目除符合会计要素的定义外，还必须符合确认的基本标准。会计确认的基本标准包括：

（1）可定义性：被确认的项目应符合财务报表某个要素的定义。

（2）可计量性：应予确认的项目是能够以货币为计量单位进行计量的。

（3）相关性：项目必须与会计报表使用者的决策有关。

（4）可靠性：通过确认纳入会计系统的信息是真实可靠、可核实的。

会计计量是指在会计核算过程中，以某种度量单位衡量经济业务对企业的资产、负债、所有者权益、收入、费用和利润的影响。会计计量主要解决会计确认结果的定量问题，涉及计量单位与计量属性两方面。财务会计以货币作为主要计量单位，综合反映企业的经济活动过程与结果。在我国，企业的记账本位币一般为人民币，而且由于以币值基本稳定作为会计核算的基本前提，所以企业采用名义货币记账。至于计量属性，目前是历史成本、重置成本、可变现净值、现值与公允价值等多种计量属性并存，它们相互补充，共同提供对信息使用者有用的会计信息。这里应掌握各种计量属性的含义；在以后各章的学习中，应掌握其具体确定方法。

（四）会计信息的质量特征

会计信息的质量特征是指为了使财务会计报告能够满足使用者的需要，会计信息在质量上应该达到的要求。我国《基本准则》第二章对会计信息质量进行了专门规范。根据《基本准则》的要求，会计信息质量特征包括相关性、可靠性、可比性、及时性、重要性、实质重于形式、明晰性等。掌握这些质量特性的具体要求及相互关系，并将其贯穿于会计核算全过程，可以为信息使用者提供高质量的会计信息，从而更好地实现财务会计的目标。

三、综合练习题

（一）单项选择题

1. 财务会计的目标是（　　）。
   A. 提供会计信息　　B. 参与经济决策　　C. 控制经济活动　　D. 进行价值管理

2. 以账簿记录为依据，采用表格和文字形式将会计信息传输给使用者。这一过程称为（　　）。
   A. 会计确认　　　　B. 会计计量　　　　C. 会计记录　　　　D. 会计报告

3. 企业选择会计处理方法时，应当采用不多计资产或收益、不少计负债或费用的会计处理方法，使会计核算尽可能建立在比较稳妥可靠的基础上。该要求体现的会计信息质量特征是（　　）。
   A. 可靠性　　　　　B. 重要性　　　　　C. 谨慎性　　　　　D. 相关性

4. 企业应按照交易或事项的经济实质进行会计处理，不应仅以交易或事项的法律形式为依据。对其所体现的会计信息质量要求是（　　）。
   A. 谨慎性　　　　　B. 重要性　　　　　C. 实质重于形式　　D. 可靠性

5. 下列各选项中，属于会计信息最高层次的质量要求是（　　）。
   A. 有用性　　　　　B. 可理解性　　　　C. 重要性　　　　　D. 可靠性

6. 按照当前的市场条件重新取得同样资产所需支付的现金或现金等价物的金额称为（　　）。
   A. 历史成本　　　　B. 重置成本　　　　C. 公允价值　　　　D. 现值

7. 对信息使用者来说，首要的会计信息质量特征是（　　）。
   A. 可靠性　　　　　B. 可理解性　　　　C. 及时性　　　　　D. 重要性

8. 下列计价方法中，符合历史成本计量基础的是（　　）。
   A. 发出存货计价使用个别计价法
   B. 交易性金融资产期末计价采用公允价值
   C. 存货期末计价采用成本与可变现净值孰低法
   D. 固定资产期末计价采用账面价值与可收回金额孰低法

（二）多项选择题

1. 会计信息使用者包括（　　）。
   A. 企业职工　　　　　　　　　　B. 企业管理者当局
   C. 投资者　　　　　　　　　　　D. 政府部门
   E. 债权人

2. 财务会计的报告对象主要是（　　　）。

    A. 企业职工　　　　　　　　　　　　　B. 企业管理者当局

    C. 政府部门　　　　　　　　　　　　　D. 投资者

    E. 债权人

3. 下列各选项中，属于会计信息质量要求的有（　　　）。

    A. 权责发生制　　　B. 可靠性　　　C. 可理解性　　　D. 可比性

    E. 相关性

4. 下列各选项中，属于会计信息可比性质量要求的是（　　　）。

    A. 同行业企业同一时期的会计政策、会计程序和方法应相互可比

    B. 企业必须在报表使用者需要信息的时间段内将信息提供给使用者

    C. 企业需要变更会计处理方法时，应将变更原因及其对企业财务状况、经营成果的影响在变更当期的报表附注中加以说明

    D. 同一企业不同期间应尽可能地做到会计政策选择、会计程序和方法的一贯性

    E. 信息使用者需要什么信息，企业必须无条件提供

5. 衡量一项会计信息是否有相关性，主要体现在该信息是否具有（　　　）。

    A. 预测价值　　　B. 反馈价值　　　C. 谨慎性　　　D. 可靠性

    E. 中立性

6. 衡量一项会计信息是否可靠，依据的标准是（　　　）。

    A. 真实性　　　B. 及时性　　　C. 一致性　　　D. 中立性

    E. 可核性

7. 财务会计报告与管理会计报告的主要区别有（　　　）。

    A. 报告对象不同　　　　　　　　　　　B. 信息加工方法不同

    C. 报告频率不同　　　　　　　　　　　D. 报告内容不同

    E. 核算依据不同

8. 下列各选项中，属于会计确认基本条件的有（　　　）。

    A. 可定义性　　　B. 符合会计目标　　　C. 可计量性　　　D. 符合会计职能

    E. 相关性

9. 下列计量属性可在我国现行会计实务中采用的有（　　　）。

    A. 公允价值　　　B. 可变现净值　　　C. 历史成本　　　D. 现值

    E. 重置成本

10. 下列各选项中，需要运用实质重于形式原则进行判断的有（　　　）。

    A. 长期股权投资核算中成本法与权益法的选择

    B. 合并报表范围的确定

    C. 收入实现的确定

    D. 所得税核算方法的确定

　　E. 交易性金融资产期末计价方法的确定

（三）简答题

1. 财务会计的基本特征有哪些？
2. 什么是会计确认？其确认标准有哪些？
3. 简述会计信息使用者及其信息需要。
4. 会计核算中为什么要有会计假设？

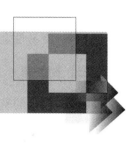

第二章
货币资金

一、内容提要

货币资金包括库存现金、银行存款和其他货币资金三项内容，本章分别阐释了它们的核算与管理。货币资金流动性最强，是经营活动中最活跃的交换媒体，容易发生贪污、挪用、被盗等意外和损失。为了满足企业生产经营活动中的资金需要，加强对货币资金的控制，会计核算应随时提供货币资金收、支、余的动态信息。由于货币资金的核算比较简单，所以本章的重点是货币资金管理。

二、重点、难点问题解析

（一）货币资金内部控制规范

2001年6月22日，财政部发布了《内部会计控制规范——货币资金（试行）》。作为《中华人民共和国会计法》实施的配套规章，该规范的发布是解决当前一些单位内部管理松弛、控制弱化的重要举措。学习本章内容，首先应了解该规范的主要内容。该规范规定，单位负责人对本单位货币资金内部控制的建立、健全和有效实施，以及货币资金的安全完整负责。其主要内容如下：

（1）单位应当建立货币资金业务的岗位责任制，明确相关部门和岗位的职责权限，确保办理货币资金业务的不相融岗位相互分离、制约和监督。出纳人员不得兼任稽核、会计档案保管和收入、支出、费用、债权、债务账目的登记工作。单位不得由一人办理货币资金业务的全过程。

（2）办理货币资金业务，应当配备合格的人员，并根据单位具体情况进行岗位轮换。办理货币资金业务的人员应当具备良好的职业道德，忠于职守，廉洁奉公，遵纪守法，客观公正，不断提高会计业务素质和职业道德水平。

（3）单位应当对货币资金业务建立严格的授权批准制度，明确审批人对货币资金业务的授权批准方式、权限、程序、责任和相关控制措施，规定经办人办理货币资金业务的职责范围和工作要求。审批人应当根据货币资金授权批准制度的规定，在授权范围内进行审批，不得超越审批权限。经办人应当在职责范围内，按照审批人的批准意见办理货币资金业务。对于审批人超越授权范围审批的货币资金业务，经办人员有权拒绝办理，并及时向审批人的上级授权部门报告。单位对于重要货币资金支付业务，应当实行集体决策和审批，并建立责任追究制度，防范贪污、侵占、挪用货币资金等行为。严禁未经授权的机构或人员办理货币资金业务或直接接触货币资金。

（4）单位应当加强与货币资金相关的票据的管理，明确各种票据的购买、保管、领用、背书转让、注销等环节的职责权限和程序，并专设登记簿进行记录，防止空白票据的遗失和被盗用。

（5）单位应当加强银行预留印鉴的管理。财务专用章应由专人保管，个人名章必须由本人或其授权人员保管。单位严禁一人保管支付款项所需的全部印章。按规定需要有关负责人签字或盖章的经济业务，必须严格履行签字或盖章手续。

（6）单位应当建立对货币资金业务的监督检查制度，明确监督检查机构或人员的职责权限，定期和不定期地进行检查。

（二）库存现金的使用范围

企业使用现金仅限于以下情况：

（1）支付职工工资、津贴。

（2）支付给个人的劳务报酬。

（3）根据国家规定颁发给个人的科学技术、文化艺术、体育等各种奖金。

（4）各种劳保、福利费用以及国家规定的对个人的其他支出。

（5）向个人收购农副产品和其他物资支付的价款。

（6）支付出差人员必须携带的差旅费。

（7）支付转账结算起点以下的零星开支。

（8）中国人民银行确定需要支付现金的其他支出。

除上述之外的其他一切款项的收付，一律通过开户银行转账。

（三）银行存款账户的开立与使用

按照中国人民银行发布的《支付结算办法》，企业应在银行或其他金融机构开立账户，办理存款、收款和转账等结算。为规范银行账户的开立和使用，规范金融秩序，企业开立账户，必须遵守中国人民银行制定的《银行账户管理办法》的各项规定。该办法规定：银行存款账户分为基本存款账户、一般存款账户、临时存款账户和专用存款账户。

每个账户都有规定的结算内容，学习时应予掌握。

（四）银行转账结算方式及其合理选择

企业的收款、付款业务，除了按照规定可以使用现金结算的之外，其余均需通过银行转账办理。转账结算就是通过银行间的划拨进行企业往来结算，常用的转账结算方式主要包括支票结算、银行汇票结算、银行本票结算、委托银行收款结算、商业汇票结算、汇兑结算、异地托收承付结算等。这里应掌握上述结算方式中，哪些可用于同城、哪些可用于异地，以及每种结算方式有哪些主要规定。

（五）库存现金的核算

1. 备用金的核算

备用金是企业财务部门按企业有关制度规定，拨付给所属报账单位和企业内部有关业务和职能管理部门，用于日常业务零星开支的备用现金。核算内容包括预备金的预借、报销、核销，具体应按定额管理和非定额管理分别掌握其会计处理。

2. 库存现金盘点与清查的核算

对库存现金的清查盘点应掌握清查时间、清查方法及对清查溢缺的处理。

（六）银行存款的核对

实务中，银行存款的核对非常复杂又很重要。企业之所以需要经常与开户银行核对存款，其原因在于：银行存款是企业最重要的流动资产，它由银行负责保管；企业与银行之间的账项往来非常频繁，双方都容易发生差错；收付款结算凭证在银行与企业之间的传递会产生时间差，会造成银行对账单所列企业存款余额与企业银行存款日记账登记的存款余额不一致。银行存款核对的具体方法是将企业银行存款日记账与银行提供的对账单逐笔勾对。出现不一致的记录，确系属于企业自身错误的、应马上更正；属于银行错误的，应及时通知银行。除此以外尚未勾对的金额，作为未达账项处理。

未达账项的调节方法有余额调节法和差额调节法两种。

（七）其他货币资金的管理与核算

其他货币资金包括外埠存款、银行本票存款、银行汇票存款、信用证存款、信用证保证金存款和存出投资款等。这些存款在支付前仍存放在开户银行，之所以不作为银行存款核算，主要是因为它们已有特定的支付对象，在票据有效期内不得动用，以保证结算时能足额支付。为此，会计上需要将其从"银行存款"账户划出，专设"其他货币资金"账户核算。

企业应根据业务需要合理选择结算工具；对逾期尚未办理结算的银行汇票、银行本票以及已办理的银行汇票、银行本票结余款等，应按规定及时转回。

其他货币资金的核算主要与企业存货的购销相关，应掌握主要业务的会计处理方法。

（八）银行转账结算流程图

转账支票、银行本票、银行汇票、商业承兑汇票、银行承兑汇票、汇兑、托收承付、委托收款结算流程分别如图2-1至图2-8所示。

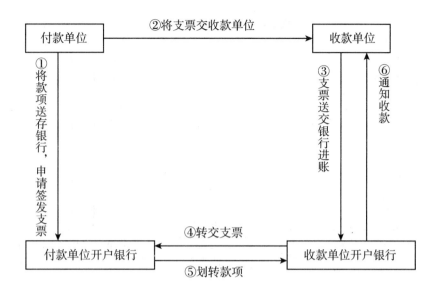

图 2 - 1　转账支票结算流程

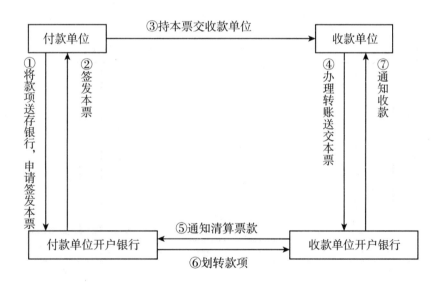

图 2 - 2　银行本票结算流程

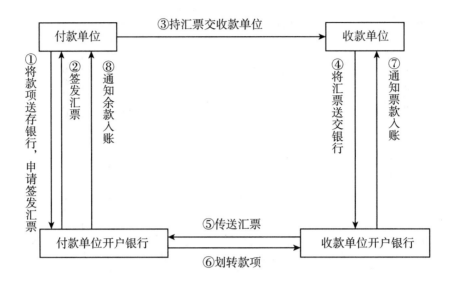

图 2 - 3　银行汇票结算流程

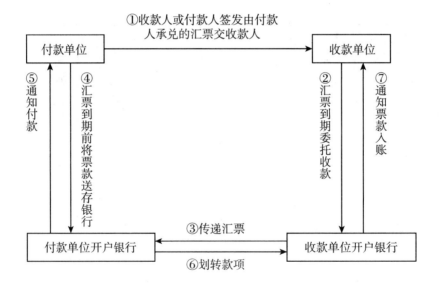

图 2 - 4　商业承兑汇票结算流程

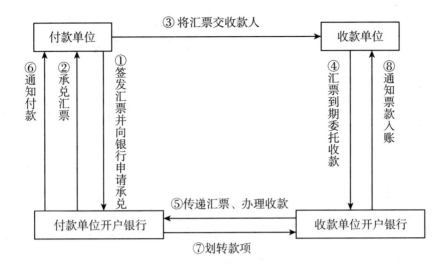

图 2 - 5 银行承兑汇票结算流程

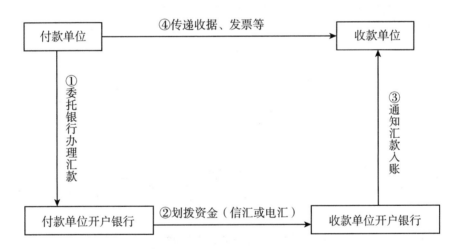

图 2 - 6 汇兑结算流程

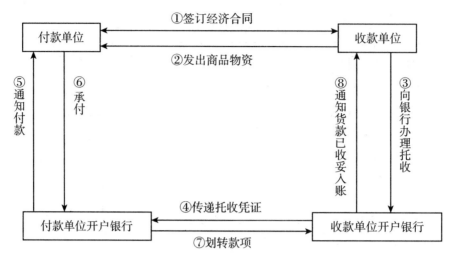

图 2-7　托收承付结算流程

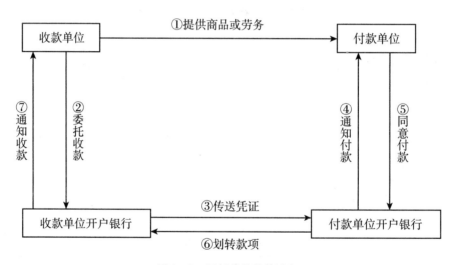

图 2-8　委托收款结算流程

三、综合练习题

（一）单项选择题

1. 下列账户中，可以办理工资、奖金、津贴现金支付业务的是（　　）。

    A. 基本存款账户　　　　　　　　　　B. 一般存款账户

    C. 临时存款账户　　　　　　　　　　D. 专项存款账户

2. 企业支付的银行承兑汇票手续费应记入（　　）账户。

    A. "管理费用"　　　　　　　　　　　B. "财务费用"

    C. "营业外支出"　　　　　　　　　　D. "其他业务成本"

3. 下列银行转账结算方式中，只可用于同城结算的是（　　）。

  A. 商业汇票结算　　　　　　　　B. 支票结算

  C. 委托银行收款结算　　　　　　D. 银行汇票结算

4. 企业将存款划入某证券公司，委托其代购即将发行的 H 公司股票。对该笔存款，企业的核算账户为（　　）。

  A. "银行存款"　　　　　　　　　B. "股本"

  C. "长期股权投资"　　　　　　　D. "其他货币资金"

5. 企业对库存现金清查过程中发现的多余现金，未经批准处理之前，应借记"库存现金"账户，贷记的账户应为（　　）。

  A. "其他业务收入"　　　　　　　B. "营业外收入"

  C. "待处理财产损益"　　　　　　D. "管理费用"

6. 企业在银行的信用卡存款，其核算账户为（　　）。

  A. "其他货币资金"　　　　　　　B. "银行存款"

  C. "在途货币资金"　　　　　　　D. "库存现金"

7. 下列情形中，不违背《内部会计控制规范——货币资金（试行）》规定的"确保办理货币资金业务的不相容岗位相互分离、制约和监督"原则的是（　　）。

  A. 由出纳人员兼任会计档案保管工作

  B. 由出纳人员保管签发支票所需全部印章

  C. 由出纳人员兼任收入总账和明细账的登记工作

  D. 由出纳人员兼任固定资产明细账及总账的登记工作

8. 企业下列存款的增加，不通过"其他货币资金"账户核算的是（　　）。

  A. 银行本票存款　　　　　　　　B. 银行汇票存款

  C. 信用证保证金存款　　　　　　D. 存入转账支票

9. 备用金的核算账户是（　　）。

  A. "其他应收款"　　　　　　　　B. "银行存款"

  C. "库存现金"　　　　　　　　　D. "其他货币资金"

10. 采用定额备用金制度下，备用金使用部门报销日常开支时，应贷记的账户是（　　）。

  A. "其他应收款"　　　　　　　　B. "管理费用"

  C. "销售费用"　　　　　　　　　D. "库存现金"或"银行存款"

11. 企业采用托收承付方式销售商品，符合收入的确认条件。则该销售收入的入账时间应为（　　）。

  A. 发出商品时　　　　　　　　　B. 购货单位承付全部货款时

  C. 发出商品并办妥托运手续时　　D. 发出商品并向银行办妥托收手续时

12. 对企业尚未入账而银行已收妥入账的未达账项，正确的会计处理方法是（　　）。

  A. 根据未达账项编制收款凭证，调整企业银行存款账面余额

B. 根据"银行对账单"中银行记录的金额，调整企业的银行存款账面余额

C. 编制"银行存款余额调节表"，不进行任何会计处理，以后实际收到银行结算凭证时再进行会计处理

D. 根据调整后的"银行存款余额调节表"的银行存款余额，调整企业银行存款账面余额

（二）多项选择题

1. 企业发生的下列支出中，按规定可使用现金支付的有（　　）。
   A. 支付职工张添差旅费 3 000 元　　　　　B. 支付银行承兑汇票手续费 1 000 元
   C. 支付李明困难补助 800 元　　　　　　　D. 支付购置设备款 6 000 元
   E. 支付采购材料款 10 000 元

2. 下列转账结算方式中既适用于同城又适用于异地的有（　　）。
   A. 银行汇票结算　　　B. 支票结算　　　C. 商业汇票结算　　　D. 托收承付结算
   E. 委托收款结算

3. 根据中国人民银行《支付结算办法》的规定，下列票据可以背书转让的有（　　）。
   A. 银行汇票　　　B. 银行本票　　　C. 现金支票　　　D. 商业承兑汇票
   E. 银行承兑汇票

4. 下列各选项属于其他货币资金内容的有（　　）。
   A. 银行本票存款　　　B. 银行承兑汇票　　　C. 外埠存款　　　D. 外币存款
   E. 备用金

5. 企业可以设立的银行存款账户包括（　　）。
   A. 基本存款账户　　　B. 一般存款账户　　　C. 临时存款账户　　　D. 专项存款账户
   E. 特别存款账户

6. 下列各选项中，违背有关货币资金内部控制要求的有（　　）。
   A. 采购人员超过授权限额采购原材料
   B. 未经授权的机构或人员直接接触企业资金
   C. 出纳人员长期保管办理付款业务所使用的全部印章
   D. 出纳人员兼任会计档案保管工作和债权债务登记工作
   E. 主管财务的副总经理授权财务部经理办理资金支付业务

7. 下列各选项中，属于资产负债表中货币资金内容的有（　　）。
   A. 存出投资款　　　B. 备用金　　　C. 信用证保证金　　　D. 信用卡存款
   E. 外埠存款

8. 下列各选项中，属于财政部《内部会计控制规范——货币资金（试行）》规定内容的有（　　）。
   A. 单位不得由一人办理货币资金业务的全过程

B. 严禁一人保管支付款项所需的全部印鉴

C. 出纳员不得兼任稽核、会计档案保管和收入、支出、费用、债权债务账目的登记工作

D. 对于重要货币资金支付业务，应集体决策和审批，并建立责任追究制度，防范贪污、侵占、挪用货币资金等行为

E. 按规定需要有关负责人签字或盖章的经济业务，必须严格履行签章手续

9. 下列各选项，不符合转账支票业务手续的有（　　　）。

A. 按支票号码顺序签发支票 　　　　B. 可以签发远期支票

C. 可以签发空白支票 　　　　D. 未经审核批准不得签发支票

E. 支票的签发和印鉴的加盖由出纳员一人办理

（三）简答题

1. 与其他资产相比，货币资金有何不同？

2. 银行的结算纪律有哪些？

3. 如何理解货币资金管理的重要性？

4. 商业汇票结算方式有何优点？

（四）业务题

习题一

1. 目的：练习库存现金的核算。

2. 资料：

（1）职工李宏出差预借差旅费 800 元，以现金支付，出差后报销费用 850 元。

（2）采购员刘青市内采购预借备用金 1 000 元，开出现金支票。采购结束报销 850 元，余额由企业收回。

（3）核定销售科备用金定额 7 000 元，企业开出现金支票支付。本月实际报销零星开支 6 500 元，用现金补足定额。

（4）库存现金清查中发现短缺 20 元，清查核实后，仍无法查明原因。责成出纳员魏明赔偿。

3. 要求：对上述业务编制会计分录。

习题二

1. 目的：练习其他货币资金的核算。

2. 资料：

（1）委托银行开出 50 000 元银行汇票进行采购。采购 A 材料价款 42 000 元，增值税税

率为17%。材料尚未运到。

（2）汇款80 000元到外地设立采购专户。采购结束，收到供货单位发票，发票上列明价款60 000元，增值税税率17%，所购B材料已到货并验收入库；采购专户同时结清。

（3）向银河证券公司划款20万元，委托其代购B公司即将发行的股票。

（4）委托银行开出银行本票50万元向甲公司采购C材料。当日，收到材料运到并验收入库，增值税专用发票上列示C材料价款40万元，增值税税率17%。本票余款尚未结清。

3. 要求：对上述业务编制会计分录。

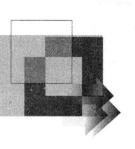

第三章
应收及预付款项

一、内容提要

应收及预付款项是企业资产的重要组成部分。本章内容包括应收票据、应收账款、预付账款、其他应收款和坏账的核算，重点是应收票据、应收账款和坏账的核算，难点是应收票据贴现的核算（包括贴现息和贴现所得额的计算以及应收票据贴现的会计处理）、应收账款收回时发生债务重组的核算和坏账核算中备抵法的应用。

二、重点、难点问题解析

（一）应收票据的核算

学习本部分内容应注意以下几点：

1. 应收票据的概念

会计核算中所说的"应收票据"不是企业生产经营中所发生的各种应该收的票据，而是特指"企业因销售商品、提供劳务或让渡资产使用权而收到的商业汇票"。

2. 应收票据的种类

应收票据按其承兑人（承诺付款的人）不同，可以分为银行承兑汇票和商业承兑汇票。商业承兑汇票是指由收款人签发，经付款人承兑，或由付款人签发并承兑的商业汇票。银行承兑汇票是指由收款人或承兑申请人签发，由承兑申请人向银行申请承兑，经银行审查后承兑的商业汇票。商业汇票的承兑人负有到期无条件支付票款的责任。

应收票据按照是否计息分为不带息商业汇票和带息商业汇票两种。带息商业汇票是指票据上注明了票面金额和票面利率并计算到期利息的商业汇票。不带息商业汇票是指票据上未注明利率、只按票面金额结算票款的商业汇票。但实际上，不带息票据并不是真的没有利息，而是把到期应付的利息事先计算出来与本金一起作为票面金额，票据到期时付款人直接按票面金额（实际包含了本金和利息）付款。

3. 应收票据的计价

应收票据的计价有现值法和面值法两种。我国会计核算中采用的是面值法，即在收到应收票据时以面值作为其入账价值。

4. 应收票据核算的账户设置

应收票据的核算账户为"应收票据"。该账户为资产类账户，其借方反映应收票据的面值（不带息票据）或者面值和应计利息（对于带息票据应在会计期末计提应计利息并登记在应收票据账户的借方），贷方反映应收票据的到期收回和转让，期末余额在借方，反映尚未到期的应收票据的面值（不带息票据）或者面值加应计利息（带息票据）。

5. 应收票据取得和票据到期的核算

这部分内容的重点是应收票据到期日的确定和利率的折算（把年利率折算为月利率或日利率）。

应收票据的期限一般有按月表示和按日表示两种。票据按月表示时，应以到期月份的对应日期为到期日（如3月2日签发的期限3个月的票据，其到期日为6月2日）。票据期限按日表示时，应从出票日起按日历天数计算，但出票日和到期日这两天通常只算其中一天，即"算尾不算头"。例如，3月2日签发的期限90天的票据，其到期日计算如下：3月份29天，4月份30天，5月份31天，到期日为5月31日。

带息票据的票面利率一般为年利率，若要换成月利率则除以12，换成日利率则除以360。

6. 应收票据贴现的核算

应收票据贴现的核算重点是注意应收票据贴现净额的计算。影响应收票据贴现净额的两个因素是票据到期值和贴现息。

贴现净额 = 票据到期值 – 贴现息

贴现息 = 票据到期值 × 贴现率 × 贴现期

带息票据的到期值为票面金额与应计利息之和，不带息票据的到期值为票据的面值。贴现期的计算与票据到期日的计算方法相同，即按贴现日至票据到期日所实际经历的天数计算，但票据贴现日和到期日这两天只算其中一天，一般是"算头不算尾"。

（二）应收账款的核算

应收账款核算这部分主要注意把握以下几点：

1. 应收账款的含义及其核算范围

会计核算中的"应收账款"不是一般意义上的企业应收的各种款项，而是有其特定的含义及核算范围。判断一笔应收款项是否属于"应收账款"，其标准有两个：一是该应收款项的产生是否与企业的基本经营业务（销售商品、产品和提供劳务）有关，如是则属于"应收账款"的核算范围，如不是则属于"其他应收款"或"长期应收款"等的核算范围。二是该应收款项的产生虽然与企业的基本生产经营业务有关，但若已采取票据化表现形式，则属于"应收票据"核算的内容。

2. 应收账款的计量

在一般情况下，应收账款以实际发生的交易价格为入账金额，包括发票金额和代垫运杂费两部分。如果存在商业折扣、现金折扣和销售折让，则企业需分不同情况确定应收账款的入账金额。其中，商业折扣是指企业为适应市场供需情况或针对不同的购货单位，在标明的售价基础上给予的折扣优惠。商业折扣是在开发票之前为确定发票价格而采取的一种优惠政策，对应收账款的核算没有影响。现金折扣是在赊销的情况下为鼓励购货单位在一定期限内尽早偿还货款而在已经确定的发票价格的基础上允许给予的折扣优惠。

在附现金折扣的情况下，应收账款的入账金额有总额法和净额法两种确认方式。我国会计核算实务中采用的是总价法。

销售折让是指企业销售商品以后，由于商品的品种、质量等与合同不符或由于其他原因，在发票价格基础上对购货单位再给予一定幅度的价格减让。对于发生的销货折让，企业应按折让金额调整应收账款的入账价值。

3. 应收账款收回的账务处理

应收账款收回的核算分为两类情况：一类是正常收回，一类是非正常收回（即债务重组）。正常收回的账务处理很简单，比较复杂和有难度的是债务重组方式下几种不同情况的账务处理。对债务重组的核算安排在本书第九章集中进行阐释。

（三）坏账的核算

学习坏账核算这部分内容应注意把握以下几点：一是了解坏账确认的标准，二是掌握坏账的核算方法，三是掌握估计坏账的方法。其中，备抵法下运用应收账款余额百分比法进行坏账估计及其账务处理是坏账核算的重点和难点。

应收账款余额百分比法是按照应收账款期末余额的一定百分比估计坏账损失的办法。其要点是每年年末都要根据应收账款的余额调整（补提或者冲销）坏账准备余额，使调整后"坏账准备"账户的贷方余额与应收账款余额之比符合估计的坏账比例。也就是说，如果某年年末"坏账准备"账户的贷方余额小于根据应收账款余额及估计的坏账比例所计算出的金额，企业需要编制一笔补提坏账准备的会计分录，金额是两者之间的差额；反之，编制一笔冲销坏账准备（即与计提坏账准备相反）的会计分录，其金额也是两者之间的差额。

三、综合练习题

（一）单项选择题

1. 应收账款的入账金额为（   ）。

    A. 估计金额   B. 实际发生的金额   C. 双方协商的金额   D. 计划金额

2. 确认应收账款的时间应与（   ）的时间相一致。

    A. 确认销售收入   B. 收到货款

    C. 提供劳务   D. 按合同交付产品

3. 应收账款产生的原因是（   ）。

    A. 现销   B. 产品的销售业务

    C. 赊销   D. 其他销售业务

4. 采取应收账款余额百分比法计提坏账准备的企业，应根据（　　）提取坏账准备。

　　A. 中期期末或年末应收账款的余额　　　　B. 季末应收账款的余额

　　C. 月末应收账款的余额　　　　　　　　　D. 年初应收账款的余额

5. 企业按规定提取的坏账准备，应计入（　　）。

　　A. 财务费用　　　　B. 营业外收入　　　　C. 资产减值损失　　　　D. 制造费用

6. 某企业应收账款年末余额为 500 000 元，调整前"坏账准备"账户有贷方余额 1 000 元，若按 4‰提取坏账准备，则年末应补提坏账准备（　　）元。

　　A. 1 000　　　　　B. 2 000　　　　　　C. 3 000　　　　　　D. 4 000

7. 某企业应收账款年末余额为 500 000 元，调整前"坏账准备"账户有贷方余额 2 000 元，若按 3‰提取坏账准备，则年末应冲减的坏账准备为（　　）元。

　　A. 1 500　　　　　B. 2 000　　　　　　C. 500　　　　　　　D. 3 500

8. 某企业应收账款年末余额为 500 000 元，调整前"坏账准备"借方余额 1 000 元，若按 5‰提取坏账准备，则应补提坏账准备（　　）元。

　　A. 1 000　　　　　B. 2 500　　　　　　C. 1 500　　　　　　D. 3 500

9. 预收货款不多的企业，可不单设"预收账款"账户，直接将预收的货款记入（　　）。

　　A. "应收账款"账户的借方　　　　　　　B. "应收账款"账户的贷方

　　C. "应付账款"账户的借方　　　　　　　D. "应付账款"账户的贷方

10. 采用备抵法核算坏账准备，已核销的坏账又重新收回时，应贷记（　　）账户。

　　A. "营业外收入"　　　　　　　　　　　B. "应收账款"

　　C. "坏账准备"　　　　　　　　　　　　D. "资产减值损失"

11. 在坏账实际发生之前，按可能发生的情况进行预提，体现了（　　）原则。

　　A. 及时性　　　　　B. 相关性　　　　　C. 可比性　　　　　D. 谨慎性

12. 预付货款业务不多的企业，可以不单独设置"预付账款"账户，而将预付的货款直接记入（　　）。

　　A. "应付账款"的贷方　　　　　　　　　B. "应收账款"的贷方

　　C. "应付账款"的借方　　　　　　　　　D. "应收账款"的借方

13. 某企业将一张面值为 30 000 元，期限 3 个月的不带息商业承兑汇票，在持有 45 天后向银行贴现，贴现率为 12%，则企业可得贴现净额为（　　）元。

　　A. 30 000　　　　　B. 29 550　　　　　C. 29 100　　　　　D. 30 450

14. 某企业 2014 年 5 月 10 日将一张面值为 10 000 元，出票日为 2014 年 4 月 20 日，票面利率 12%，期限 30 天的票据向银行贴现，贴现率为 18%，则该票据的贴现息为（　　）元。

　　A. 50.5　　　　　　B. 250　　　　　　　C. 25　　　　　　　　D. 42.5

15. 如果一张票据的出票期为 9 月 28 日，期限 60 天，则其到期日为（　　）。

　　A. 11 月 28 日　　　B. 11 月 30 日　　　C. 11 月 27 日　　　D. 11 月 29 日

16. 确认坏账的条件之一是债务人逾期未履行偿债义务超过（　　）年。

    A. 1　　　　　　　　B. 2　　　　　　　　C. 3　　　　　　　　D. 5

（二）多项选择题

1. 应收账款包括（　　）。

    A. 销售商品应收的货款　　　　　　B. 职工预借的差旅费

    C. 提供劳务应收的账款　　　　　　D. 应收保险公司的赔款

    E. 预拨给销售部门的业务周转金

2. 下列各选项中，作为应收账款核算的有（　　）。

    A. 赊销商品的价款　　　　　　　　B. 销售机构的经费

    C. 赊销商品的销项增值税　　　　　D. 销售商品时代垫的包装费和运杂费

    E. 销售人员工资

3. 采用备抵法核算坏账，估计坏账的具体方法有（　　）。

    A. 总价法　　　　　　　　　　　　B. 账龄分析法

    C. 应收账款余额百分比法　　　　　D. 净价法

    E. 销货百分比法

4. 在我国现行会计实务中，作为应收票据核算的票据有（　　）。

    A. 支票　　　　　　B. 银行汇票　　　　　C. 银行本票　　　　　D. 商业承兑汇票

    E. 银行承兑汇票

5. 下列各选项中，应记入"坏账准备"账户贷方的有（　　）。

    A. 按规定提取的坏账准备　　　　　B. 收回的应收账款

    C. 转销的坏账损失　　　　　　　　D. 收回过去确认并转销的坏账

    E. 冲销多提的坏账准备

6. 下列各选项中，应记入"坏账准备"账户借方的有（　　）。

    A. 按规定提取的坏账准备　　　　　B. 收回的应收账款

    C. 转销的坏账损失　　　　　　　　D. 收回过去确认并转销的坏账

    E. 冲销多提的坏账准备

7. 企业采用备抵法核算坏账，收回以前期间已确认并转销的坏账损失时，应编制的会计分录是（　　）。

    A. 借：应收账款　　　　　　　　　B. 借：银行存款

         贷：坏账准备　　　　　　　　　　　贷：应收账款

    C. 借：坏账准备　　　　　　　　　D. 借：资产减值损失

         贷：应收账款　　　　　　　　　　　贷：应收账款

    E. 借：应收账款

         贷：资产减值损失

8. 带息商业汇票到期值的计算与（　　　）有关。

    A. 票据面值　　　　　B. 票面利率　　　　　C. 票据期限　　　　　D. 贴现率

    E. 银行实际利率

9. 在现金折扣条件下，对应收账款入账金额的确认方法有（　　　）。

    A. 成本法　　　　　　B. 总价法　　　　　　C. 净价法　　　　　　D. 权益法

    E. 成本与市价孰低法

10. 下列应收款项中，可直接据以计提坏账准备的有（　　　）。

    A. 应收账款　　　　　B. 其他应收款　　　　C. 长期应收款　　　　D. 预付账款

    E. 应收票据

11. 将其账面余额转入"应收账款"账户后再计提坏账准备的应收款项有（　　　）。

    A. 应收股利　　　　　B. 其他应收款　　　　C. 长期应收款　　　　D. 预付账款

    E. 应收票据

12. 应收账款的收回包括（　　　）。

    A. 收到债务人清偿的款项等于该项应收账款账面价值

    B. 收到债务人清偿的款项小于该项应收账款账面价值

    C. 接受债务人以非现金资产清偿债务

    D. 将债权转为投资

    E. 以修改其他债务条款进行清偿

（三）简答题

1. 应收账款的含义及特点是什么？

2. 什么是坏账？如何确认？

3. 应收票据面值、到期值与账面价值之间有何区别？

4. 简述应收票据贴现的概念及其特点，应收票据与应收账款有何相同与不同之处？

5. 坏账损失核算中的直接转销法与备抵法有何区别？

6. 预付账款与应收账款在性质上有何区别？

7. 其他应收款包括哪些内容？应如何进行会计处理？

（四）业务题

习题一

1. 目的：练习坏账准备的核算。

2. 资料：某企业按照应收账款余额的 3‰ 提取坏账准备。该企业第一年年末的应收账款余额为 1 000 000 元；第二年发生坏账 6 000 元，其中甲单位 1 000 元，乙单位 5 000 元，年末应收账款余额为 1 200 000 元；第三年，已冲销的上年乙单位的应收账款 5 000 元又收回，期末应收账款余额为 1 300 000 元。

3. 要求：根据上述资料，计算企业每年提取的坏账准备，并编制有关会计分录。

习题二

1. 目的：练习应收票据贴现的核算。

2. 资料：某公司于 5 月 10 日因销售商品收到一张面值 100 000 元、期限 90 天、利率 9% 的商业承兑汇票，作为应收账款的收回；6 月 9 日，公司持此票据到银行贴现，贴现率 为 12%；票据到期后，出票人和该公司均无款支付，银行已通知公司将贴现票款转作逾期 贷款。

3. 要求：

（1）计算票据贴现净额。

（2）编制有关会计分录。

习题三

1. 目的：练习债务重组的核算。

2. 资料：

某企业有一项账面余额为 600 000 元的应收账款，因对方单位无力偿还，以一台设备、 一辆汽车和一批原材料抵债。根据对方开具的发票，原材料的不含税价为 80 000 元（假定 适用增值税税率为 17%），该设备和汽车的协商价格分别为 320 000 元和 200 000 元，企业 已经为该笔应收账款计提坏账准备 3 000 元，发生的车辆过户等相关税费为 4 600 元。

3. 要求：

（1）分别计算原材料、设备、汽车的入账价值。

（2）编制有关会计分录。

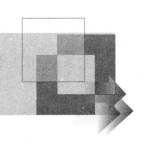

第四章
存货

一、内容提要

存货会计历来是中级财务会计的重点与难点。主要因为：第一，存货涉及范围广，对企业财务状况、经营成果或现金流量影响大；第二，企业的管理要求不同，存货的核算方法各异。本章在阐释存货确认、计量的基础上，以原材料为例（第二节）介绍了制造业存货的两种核算方法，即按实际成本核算与按计划成本核算；以库存商品（第三节）为例，介绍了商品流通企业存货核算的进价金额核算法和售价金额核算法。企业其他存货的核算，则集中在第五节说明。本章最后阐释了如何采用成本与市价孰低法对期末存货进行计价以及如何计提存货跌价准备。

二、重点、难点问题解析

（一）存货的确认

存货是指企业在正常生产经营过程中持有以备出售的产成品或商品，或者为了出售仍然处在生产过程中的在产品，或者将在生产过程中或提供劳务过程中耗用的材料、物资。存货包括各种原材料、辅助材料、包装物、低值易耗品、委托加工材料、在产品、产成品和商品等。

企业的货物比较多，从外形上看也无差异，但用途、存放地点有差异，会计上并非将其全部作为存货核算和管理。哪些货物属于存货，这涉及存货的确认。

存货的界定，以企业是否对其具有所有权为依据，而不管其存在形式或存放地点如何。也就是说，凡所有权属于企业的存货，不管其存放在何处或处于何种状态，都应作为企业的存货。这样，已经发运但尚未办理托收手续，或委托其他单位加工或代销的货物，或已经购入但尚未入库的在途货物等，均属于企业的存货。凡是所有权不属于企业的货物，即使存放在企业，也不属于本企业的存货。如不是为企业正常生产经营而储存的资产，如受国家有关部门委托专项储备的物资，企业为进行固定资产购建而购入的工程物资，均不包括在存货范围之内。

（二）收入存货的计价

收入存货的计价是指企业取得各项存货时的初始入账价值。由于企业取得存货的方式或渠道不同，其计价的具体方法也有差异。

1. 外购存货

购入存货的入账价值按买价与相关采购费用（运输费、装卸费、保险费、包装费、仓储费等费用，运输途中的合理损耗）、入库前的挑选整理费用和按规定应计入成本的税金等作为实际成本。这里应注意两点：一是一般纳税人购进存货按规定可予抵扣的进项税额应单独核算，不计入存货成本。二是附现金折扣进货，买价按原发票金额确定，所发生的现金折扣收入不抵减成本，而是作为理财收益减少财务费用。

2. 加工取得的存货

加工取得的存货包括自制存货与委托加工存货两种。企业自制存货主要包括产成品、自制半成品和在产品，有的企业还包括自制原材料、包装物和低值易耗品。企业自制存货按照其制造过程中发生的各项实际支出计价，包括在制造过程中发生的直接材料、直接人工和制造费用。

委托外单位加工的存货成本按实际成本计算，实际成本包括加工过程中耗用的原材料或半成品的实际成本、委托加工费用和往返过程中发生的包装费、运输费、装卸费、保险费及按规定计入成本的税金。

3. 其他来源取得的存货

企业取得存货的其他方式主要包括接受投资者投入、通过债务重组方式取得或以非货币性资产交换而换入等。其初始入账金额具体如表4-1所示。

表4-1　其他来源取得存货的初始入账金额

取得方式或来源			存货初始入账金额
接受投资			投资合同或协议约定的价值（其中不公允的，按公允价值确定）
通过债务重组取得			存货公允价值
非货币性资产交换	具有商业实质	不涉及补价	换出资产公允价值 - 换入存货可抵扣的进项税 + 应支付的相关税费
		涉及补价	换出资产公允价值 - 换入存货可抵扣的进项税 + 应支付的相关税费 + 支付的补价（或 - 收到的补价）
	不具有商业实质	不涉及补价	换出资产账面价值 - 换入存货可抵扣的进项税 + 应支付的相关税费
		涉及补价	换出资产账面价值 - 换入存货可抵扣的进项税 + 应支付的相关税费 + 支付的补价（或 - 收到的补价）

（三）发出存货的计价

同一存货，由于进货渠道或地点不同以及销货方对所售商品的作价方式不同等各种原因，会存在不同的进货单价。存货发出时，在发出数量已知的情况下，企业需要确定发出存货适用的单价，最终计算确定发出存货的成本。此外，采用实地盘存制时，企业需要确定各种结存存货的成本，同样涉及存货单价的问题。

永续盘存制下：

本期发出金额 = 本期发出数量 × 单价

期末结存金额 = 本期期初余额 + 本期增加额 − 本期发出额

实地盘存制下：

结存金额 = 结存数量 × 单价

本期发出金额 = 本期期初余额 + 本期增加额 − 期末结存金额

企业存货的管理不论采用永续盘存制还是实地盘存制，同一存货发出金额和结存金额的确定均涉及单价的确定。我国现行会计实务中允许采用的发出存货计价方法包括个别计价法、先进先出法、月末一次加权平均法、移动加权平均法等。要求从以下两个方面掌握这些内容：

（1）熟练掌握各种方法的具体操作，即分别采用个别计价法、先进先出法、月末一次加权平均法、移动加权平均法时，如何计算上面公式中的"本期发出金额"与"期末结存金额"两个指标。这里不再赘述，请阅读主教材的相关内容。

（2）如何选择发出存货的计价方法。实务中，发出存货计价对任何企业来说都是一项非常重要的会计政策。其原因在于：第一，不同方法确定的单价不同，即使发出数量或结存数量相同，据此计算的"发出金额"与"结存金额"两个指标也会有高有低。第二，物价上涨是一种趋势，由于第一个原因，不同计价方法的选用会影响企业的现金流入。第三，本期存货发出金额构成本期的成本、费用，进而影响企业的资产（如产成品、在产品）、费用（主营业务成本）与所得税的计缴；期末存货结存金额既影响本期的资产价值，又影响下期存货成本的计算。故而任何企业都应重视发出存货计价的选择。影响会计政策选择的因素是多方面的，如管理报酬、负债安排、纳税考虑、公司上市与随后的考虑、竞争考虑、政治考虑等。不管怎样，发出存货计价的选择，应遵循企业的相关规定，一般由会计人员提供建议，并报企业董事会或类似权力机构审批。

（四）期末存货的计价：成本与可变现净值孰低法

期末存货计价是指资产负债表中，存货项目的期末余额采用何种金额（期末实际成本或可变现净值）反映。我国现行会计实务中，期末存货采用"成本与可变现净值孰低法"计价，即期末存货的实际成本比其可变现净值低时，按成本计价；否则按可变现净值计价。成本与可变现净值孰低法的运用是对历史成本计价的修正，充分体现了谨慎性原则。

期末存货实际成本的计算已在前面进行了说明，这里的关键是如何估计期末存货的可变现净值。可变现净值是指在日常活动中，存货的估计售价减去至完工时估计将要发生的成本、估计的销售费用以及相关税费后的金额，具体由存货的估计售价、至完工时将要发生的成本、估计的销售费用和估计的相关税费等内容构成。这里应掌握可变现净值的具体确定方法，其中最关键的又是存货的估计售价。估计售价一般按下列方法确定：

（1）为执行销售合同或者劳务合同而持有的存货，通常应当以产成品或商品的合同价格作为其可变现净值的计算基础；超出部分的存货其可变现净值应当以产成品或商品的一般销售价格作为计算基础；持有存货的数量少于销售合同订购数量，实际持有与该销售合同相关的存货应以销售合同所规定的价格作为可变现净值的计算基础。如果该合同为亏损合同，企业还应同时按照我国有关或有负债的规定确认预计负债。

（2）没有销售合同约定的存货（不包括用于出售的材料），其可变现净值应当以产成品或商品的一般销售价格（市场销售价格）作为计算基础。

（3）用于出售的材料等通常以市场价格作为其可变现净值的计算基础。

当期末采用可变现净值反映存货价值时，对成本高于可变现净值的差异，作为存货跌价损失处理：借记"资产减值损失"账户，贷记"存货跌价准备"账户。以后各期期末连续计提存货跌价准备时，本期确认的存货跌价损失应根据"存货跌价准备"账户调整前的余额具体确定。

（五）原材料按实际成本核算

原材料按实际成本核算时，原材料的收入、发出及结存都按其实际成本计价。会计核算上，一般需要设置"原材料""在途物资""生产成本"等账户，并按材料种类进行明细核算。

企业外购原材料的核算，分三种情况进行：第一，单货同到，即结算凭证到达并同时将材料验收入库。第二，单先到、货后到。第三，货先到、单后到。发生第三种情况的业务时，若月份内收到材料并验收入库，企业可以暂不进行账务处理，待结算凭证到达后，按结算凭证到达并同时将材料验收入库的情况处理。但如果会计期末仍有已经入库而未付款的材料，为了反映企业存货及负债的情况，应将其估价入账，借记"原材料"账户，贷记"应付账款"账户，下月初以红字分录冲回。

对材料发出进行核算，实务中，一般于月末根据"发料凭证汇总表"编制记账凭证，一次登记材料总分类账。在贷记"原材料"账户的同时，根据材料的用途借记有关账户：直接用于产品生产的材料，借记"生产成本"账户；用于车间一般耗用的材料，借记"制造费用"账户；用于企业管理方面的材料，借记"管理费用"账户；为销售产品而消耗的材料，借记"销售费用"账户。

（六）原材料按计划成本的核算

原材料按计划成本计价，特点是材料的收、发、存均按计划成本核算，而对于计划成本与实际成本的差异，则单设"材料成本差异"账户核算。为此，会计上，一般应设置"材料采购""原材料""材料成本差异"等账户对原材料进行日常收发的核算。

三、综合练习题

（一）单项选择题

1. 下列各选项中，不应计入外购存货成本的是（　　）。
   A. 购货价格
   B. 购货运费
   C. 取得的现金折扣收入
   D. 在途保险费

2. 下列各选项中，不属于企业存货范围的是（　　）。
   A. 在途材料
   B. 产成品
   C. 在产品
   D. 已开提货单但尚未提货的已售商品

3. 材料采购途中发生的合理损耗，正确的处理方法是（　　）。
   A. 由供应单位赔偿
   B. 计入材料采购成本
   C. 由保险公司赔偿
   D. 计入管理费用

4. 2013 年年初甲商品未计提存货跌价准备。2013 年 12 月 31 日甲商品成本 10 000 元，可变现净值 9 000 元；2014 年 12 月 31 日成本仍为 10 000 元，可变现净值估计为 7 000 元。则 2014 年年末对甲商品应做的处理是（　　）。
   A. 补提存货跌价准备 2 000 元
   B. 冲减存货跌价准备 1 000 元
   C. 补提存货跌价准备 3 000 元
   D. 冲减存货跌价准备 3 000 元

5. 存货期末计价采用成本与可变现净值孰低法，所体现的会计核算一般原则是（　　）。
   A. 权责发生制原则
   B. 配比原则
   C. 谨慎性原则
   D. 客观性原则

6. 出租包装物收取的租金应当确认为（　　）。
   A. 主营业务收入
   B. 其他业务收入
   C. 营业外收入
   D. 投资收益

7. 企业采用成本与可变现净值孰低法的个别比较法确定期末存货价值。2015 年 2 月末，A、B、C 三种存货的成本和可变现净值分别为：A 存货成本 10 000 元，可变现净值 8 500 元；B 存货成本 15 000 元，可变现净值 16 000 元；C 存货成本 28 000 元，可变现净值 25 000 元。该企业 2 月末存货的价值为（　　）元。
   A. 46 500
   B. 48 500
   C. 47 500
   D. 49 500

8. A 公司属于一般纳税人，9 日购进免税农产品一批，支付购买价款 150 000 元，另发生装卸费 10 000 元、挑选整理费 12 000 元。则该农产品的采购成本应为（　　）元。
   A. 150 000
   B. 160 000
   C. 172 000
   D. 157 000

9. 某商场对库存商品采用售价金额核算法核算。2015 年 5 月初甲商品进价成本为 170 000 元，售价总额为 200 000 元；本月购进甲商品的进价成本为 230 000 元，售价总额为 300 000 元；本月销售收入为 400 000 元。据此，甲商品 5 月末的库存实际成本为（　　）元。
   A. 70 000
   B. 80 000
   C. 100 000
   D. 110 000

10. 某企业 3 月 1 日 A 存货结存数量 200 件，单价为 2 元；3 月 2 日发出 150 件；3 月 5

日购进 200 件，单价 2.2 元；3 月 7 日发出 100 件。企业对发出存货采用移动加权平均法计算成本，则 3 月 7 日结存 A 存货的实际成本应为（ ）元。

    A. 324   B. 216   C. 540   D. 516

11. 企业对原材料采用计划成本法核算，下列各选项中应记入"材料采购"账户贷方的是（ ）。

    A. 原材料的买价   B. 结转入库材料的成本节约差异

    C. 采购材料的运杂费   D. 结转入库材料的成本超支差异

12. H 公司（一般纳税人）从外地购进甲材料一批，取得的增值税专用发票上注明材料价款为 20 000 元、增值税额为 3 400 元，另外支付运费 1 500 元、装卸费 300 元，税法规定运输企业的增值税税率为 11%。则该批材料的采购成本为（ ）元。

    A. 20 000   B. 23 400   C. 21 635   D. 23 600

13. A 公司 2013 年 12 月 31 日甲存货的账面余额为 20 000 元，预计可变现净值 19 000 元。2014 年 12 月 31 日该存货的账面余额仍为 20 000 元，预计可变现净值为 22 000 元。则 2014 年年末应冲减甲存货跌价准备（ ）元。

    A. 1 000   B. 2 000   C. 9 000   D. 3 000

14. 某企业因火灾烧毁一批原材料，该批原材料的采购成本为 16 000 元，进项税额为 2 720 元；收到各种赔款 1 500 元，残料入库 100 元。报经批准后，应记入"营业外支出"账户的金额为（ ）元。

    A. 18 720   B. 17 120   C. 14 400   D. 14 500

15. 购入原材料与购入库存商品，对采购费用的处理为（ ）。

    A. 前者不将采购费用计入采购成本，后者计入

    B. 前者将采购费用计入采购成本，后者不计入

    C. 两者都不将采购费用计入采购成本

    D. 两者都将采购费用计入采购成本

16. 某企业采用计划成本进行原材料的核算。2015 年 4 月初结存原材料的计划成本为 200 000 元，本月收入原材料的计划成本为 400 000 元，本月发出材料的计划成本为 350 000 元，原材料成本差异的月初数为 4 000 元（超支），本月收入材料成本差异为 8 000（超支）。则本月结存材料的实际成本应为（ ）元。

    A. 357 000   B. 255 000   C. 343 000   D. 245 000

17. 确定企业存货范围的基本原则是（ ）。

    A. 存放地点   B. 交货时间   C. 交货地点   D. 法定产权

18. 发出存货采用先进先出法计价，在物价上涨的情况下，会使企业（ ）。

    A. 期末库存升高，当期利润增加   B. 期末库存升高，当期利润减少

    C. 期末库存降低，当期利润增加   D. 期末库存降低，当期利润减少

19. 某企业为增值税一般纳税人。购入乙种原材料 5 000 吨，收到的增值税专用发票上

注明的售价为每吨1 200元，增值税额为1 020 000元。另外发生运输费用60 000元（增值税税率11%），装卸费用20 000元，途中保险费用18 000元。原材料运抵企业后，验收入库原材料为4 996吨，短少的4吨是运输途中发生的合理损耗。该原材料的入账价值为（　　）元。

  A. 6 078 000   B. 6 098 000   C. 6 091 400   D. 6 089 000

20. 存货入账价值的基础应采用（　　）。

  A. 重置成本   B. 历史成本

  C. 计划成本或定额成本   D. 售价或可变现净值

21. 某商业企业对库存商品采用售价金额核算法。2014年9月，"库存商品"账户月初余额70 000元，"商品进销差价"账户月初余额10 000元；本月购入商品的采购成本为100 000元，售价总额为130 000元。本月销售收入为150 000元（不包含增值税）。则本月销售商品的实际成本和期末结存商品的实际成本分别是（　　）。

  A. 120 000元和40 000元   B. 120 000元和50 000元

  C. 105 000元和35 000元   D. 105 000元和50 000元

22. A企业为增值税一般纳税人，原材料按计划成本核算，甲材料计划单位成本为每千克70元。企业购入甲材料1 000千克，增值税专用发票上注明的材料价款为70 400元，增值税额为11 968元，企业验收入库时实收980千克，短少的20千克为运输途中定额消耗。该批入库材料的材料成本差异为（　　）元。

  A. 1 800   B. 400   C. 392   D. 13 768

23. 在存货价格持续上涨的情况下，使期末存货账面余值最大的存货计价方法是（　　）。

  A. 先进先出法   B. 个别计价法

  C. 月末一次加权平均法   D. 移动加权平均法

24. 下列计提存货跌价准备的方法中，结果最为准确的是（　　）。

  A. 合并计提法   B. 单项比较法   C. 分类比较法   D. 总额比较法

25. 某商场采用售价金额核算法对库存商品进行核算。本月初库存商品的进价成本为6万元，售价总额为9万元；本月购进商品的进价成本为8万元，售价总额为11万元；本月销售商品的售价总额为15万元。则该商场当月售出商品应分摊的进销差价为（　　）万元。

  A. 3.5   B. 4   C. 4.5   D. 5

26. 2014年12月31日，甲公司A材料的账面价值（即成本）为350万元，市场购买价格总额为280万元，预计销售发生的相关税费为10万元；用A材料生产的产成品W型机器的可变现净值高于成本。2014年年末A材料的账面价值为（　　）万元。

  A. 350   B. 280   C. 270   D. 290

27. 2014年11月，某企业B存货收、发、存情况如下：1日，结存数量200件，单价4元；2日发出150件；5日购进200件，单价4.4元；7日发出100件。该企业在对发出存货采用先进先出法计价，则11月7日发出B存货的实际成本为（　　）元。

A. 400　　　　　B. 420　　　　　C. 430　　　　　D. 440

28. 下列关于原材料发生的损失中，应记入"管理费用"账户的是（　　　）。

    A. 计量差错引起的原材料盘亏　　　　B. 自然灾害造成的原材料损失

    C. 原材料运输途中发生的合理损耗　　D. 人为责任造成的原材料损失

29. 2013 年 8 月大华公司与新华公司签订了一份不可撤销销售合同，合同约定大华公司 2014 年 2 月向新华公司销售 A 产品 8 台，每台售价 65 万元。2013 年 12 月 31 日，大华公司库存 A 产品 6 台，账面价值为 372 万元，2013 年 12 月 31 日 A 产品的市场销售价格为每台 64 万元。预计销售 6 台 A 产品需发生销售税费 24 万元。2013 年 12 月 31 日大华公司应计提的存货跌价准备为（　　　）万元。

    A. 0　　　　　　B. 6　　　　　　C. 9　　　　　　D. 12

30. 2014 年年末，大华公司决定将用于生产 C 产品的甲材料对外出售，年末甲材料库存 10 000 公斤，成本为 200 万元。该材料目前的市场价格为 190 元/千克，同时销售该材料可能发生销售税费 2 万元。则当年末甲材料的账面价值应为（　　　）万元。

    A. 200　　　　　B. 198　　　　　C. 190　　　　　D. 188

（二）多项选择题

1. 我国现行会计实务中可以采用的发出存货计价方法有（　　　）。

    A. 个别计价法　　　　　　　　　　　B. 先进先出法

    C. 月末一次加权平均法　　　　　　　D. 移动加权平均法

    E. 后进先出法

2. 材料按实际成本核算时，核算材料购进需要设置的账户有（　　　）。

    A. "在途物资"　　　　　　　　　　　B. "材料采购"

    C. "原材料"　　　　　　　　　　　　D. "材料成本差异"

    E. "生产成本"

3. 企业委托外单位（双方均为一般纳税人）加工存货，其实际成本应包括（　　　）。

    A. 加工中实际耗用的有关存货的实际成本　B. 加工费用

    C. 加工环节支付的增值税　　　　　　D. 加工存货的往返运杂费

    E. 加工存货往返运输途中的保险费

4. 确定存货发出与结存数量的方法有（　　　）。

    A. 定期盘存制　　B. 权责发生制　　C. 收付实现制　　D. 永续盘存制

    E. 送货制

5. 下列各项存货中，属于周转材料的是（　　　）。

    A. 委托加工物资　　B. 包装物　　C. 低值易耗品　　D. 委托代销商品

    E. 在途原材料

6. 下列各选项中，应计入外购存货成本的有（　　　）。

A. 支付的买价　　　　　　　　　　　　　B. 入库后的挑选整理费

C. 运输途中的合理损耗　　　　　　　　　D. 入库前的挑选整理费

E. 一般纳税人购进存货发生的进项增值税

7. 下列各选项中，应作为企业存货核算和管理的有（　　　　）。

A. 委托代销商品　　　B. 委托加工材料　　　C. 在途材料　　　　D. 发出商品

E. 工程物资

8. 企业进行存货清查时，对于盘亏的存货，应先记入"待处理财产损溢"账户，报经批准后，根据不同的原因可分别记入（　　　　）账户。

A. "管理费用"　　　B. "销售费用"　　　C. "营业外支出"　　　D. "其他应收款"

E. "制造费用"

9. 每个会计期末，企业应重新确定存货的可变现净值，检查时，如果发现了（　　　　）情形，应当考虑计提存货跌价准备。

A. 市价持续下跌，并且在可预见的未来无回升的希望

B. 使用该原材料生产的产品成本大于产品的售价

C. 因产品更新换代，原有库存原材料已不适应新产品的需要，而该材料的市价又低于其账面成本

D. 因企业所提供的商品或劳务过时或消费者偏好改变而使市场需求变化，导致市价下跌

E. 其他足以证明该存货实质已经发生减值的情形

10. 期末计量存货可变现净值时，应从预计售价中扣除的项目是（　　　　）。

A. 预计销售税金　　　B. 存货的账面成本　　　C. 预计销售费用　　　D. 预计加工费用

E. 存货的估计成本

11. 物价持续上涨时，采用先进先出法结转发出存货成本，其缺点是（　　　　）。

A. 高估当期存货价值　　　　　　　　　　B. 低估当期存货价值

C. 高估当期利润　　　　　　　　　　　　D. 低估当期利润

E. 高估当期销货成本

12. 当入库材料的计划成本大于其实际成本时，其差额应（　　　　）。

A. 借记"材料采购"账户　　　　　　　　B. 借记"原材料"账户

C. 借记"材料成本差异"账户　　　　　　D. 贷记"原材料"账户

E. 贷记"材料成本差异"账户

13. 期末存货如果计价过高，则可能会引起（　　　　）。

A. 当期销售收入增加　　　　　　　　　　B. 当期销售成本增加

C. 当期利润增加　　　　　　　　　　　　D. 当期所有者权益增加

E. 当期所得税减少

14. 购进材料一批，已验收入库，但结算凭证未到，货款尚未支付。正确的处理方法是

( )。

  A. 在材料验收入库时即入账   B. 月末按暂估价入账

  C. 材料验收入库时暂不入账   D. 下月初用红字冲回

  E. 月末暂不入账，等结算凭证到后才入账

15. 确定购入存货的入账价值时，应当考虑税金的因素。对此，以下说法中正确的有
( )。

  A. 购进存货支付的消费税、关税等是其价格的组成部分，应计入存货采购成本

  B. 被确认为增值税小规模纳税人的企业，其采购存货支付的增值税，取得增值税
   专用发票的，应作为进项税额单独记录，而不计入采购成本；未取得增值税专
   用发票的，应计入存货采购成本

  C. 被确认为增值税一般纳税人的企业，其采购存货支付的增值税，无论是否取得
   增值税专用发票，一律作为进项税额单独记录，而不计入存货采购成本

  D. 被确认为增值税一般纳税人的企业，其采购的农产品，可按其买价的10%视同
   增值税进项税额单独记录，存货的入账成本则为扣除这部分进项税额后的价款

  E. 被确认为增值税一般纳税人的企业，其采购的存货如果是用于非应交增值税项
   目，即使取得了增值税专用发票，也不得作为进项税额单独记录，而应计入存
   货采购成本

16. "材料成本差异"账户贷方可以用来登记（ ）。

  A. 入库材料成本超支差异   B. 结转发出材料应负担的超支差异

  C. 入库材料成本节约差异   D. 结转发出材料应负担的节约差异

  E. 在途材料的节约差异

17. 企业周转材料可以采用的摊销方法有（ ）。

  A. 一次摊销法 B. 累计摊销法 C. 五五摊销法 D. 净值摊销法

  E. 工作量摊销法

18. 下列发出存货计价方法中，存货成本流转与实物流转不一致的有（ ）。

  A. 个别计价法   B. 先进先出法

  C. 月末一次加权平均法   D. 移动加权平均法

  E. 毛利率法

19. 购进存货发生的下列相关税金中，应计入存货成本的有（ ）。

  A. 小规模纳税人购进原材料支付的增值税

  B. 企业进口商品支付的消费税

  C. 一般纳税人进口商品支付的增值税

  D. 签订购买原材料合同支付的印花税

  E. 收购未税矿产品代扣代缴的资源税

20. 下列各选项中，应计入其他业务成本的有（ ）。

A. 随同产品出售并单独计价的包装物的成本

B. 出租包装物的摊销成本

C. 销售不适用材料的成本

D. 出借包装物的摊销成本

E. 随同产品出售、不单独计价的包装物的成本

（三）简答题

1. 发出存货的基本计价方法有哪些？

2. 简述售价金额核算法的定义及其主要内容。

3. 什么是存货？它与其他流动资产有何不同？

4. 简述两种存货数量盘存方法的优缺点及其适用范围。

5. 为什么应对期末存货计价采用成本与可变现净值孰低法？

6. 简述发出存货计价对期末存货价值和本期损益的影响。

7. 原材料按计划成本核算有何利弊？

（四）业务题

习题一

1. 目的：练习发出存货的计价。

2. 资料：某公司2013年8月库存A商品明细账部分记录如表4-2所示。

表4-2　库存商品明细账——A商品

2014年		凭证编号	摘要	收入		发出		结存	
月	日			数量（件）	单价（元）	数量（件）	单价（元）	数量（件）	单价（元）
8	1	略	期初余额					500	12
	5		购入	800	14			1 300	
	12		发出			900		400	
	15		发出			200		200	
	28		购入	600	17			800	
	29		发出			300		500	

3. 要求：分别采用先进先出法和月末一次加权平均法计算该公司8月发出A商品的金额和8月31日库存A商品的金额（列出计算过程，计算保留到小数点后两位）。

习题二

1. 目的：练习材料按计划成本计价的核算。

2. 资料：甲企业为增值税一般纳税人，该企业采用计划成本进行原材料的核算，8 月初，"原材料"计划成本为 300 000 元，"材料成本差异"有借方余额 15 000 元。8 月发生有关经济业务如下：

（1）8 月 7 日，购入原材料一批，取得的增值税专用发票上注明的原材料价款为 130 000 元，增值税额为 22 100 元；外地运费 9 000 元（其中 11% 作为进项税抵扣）。有关款项已通过银行存款支付。

（2）上述材料的计划成本为 138 000 元，材料已验收入库。

（3）8 月 20 日，购入材料一批，材料已运到，并验收入库，但发票等结算凭证尚未收到，货款尚未支付。该批材料的计划成本为 56 000 元。

（4）本月领用材料的计划成本为 390 000 元，其中：生产领用 250 000 元，车间管理部门领用 40 000 元，厂部管理部门领用 8 000 元，在建工程领用 92 000 元。

3. 要求：

（1）计算甲企业 8 月原材料的材料成本差异。

（2）计算甲企业 8 月领用材料应分摊的材料成本差异。

（3）编制甲企业 8 月有关业务的会计分录。

习题三

1. 目的：练习可变现净值的确定。

2. 资料：A 公司 2014 年 8 月 1 日与 B 公司签订的销售合同约定：2014 年 1 月 20 日，A 公司应按每台 32 万元的价格（不含增值税）向 B 公司提供 W 型机器 12 台。A 公司销售部门提供的资料表明，向长期客户 B 公司销售的 W 型机器的平均运杂费等销售费用为 1 万元/台；向其他客户销售 W 型机器的平均运杂费等销售费用为 1.2 万元/台。A 公司 2014 年 12 月 31 日 W 型机器的市场销售价格为 30 万元/台，库存 W 型机器 17 台，总成本为 527 万元。

3. 要求：计算确定 A 公司 2014 年 12 月 31 日应提取的存货跌价准备的金额。

习题四

1. 目的：练习材料存货的期末计量。

2. 资料：2013 年 12 月 31 日甲公司库存的原材料——A 材料账面余额为 88 000 元，市价为 75 000 元，用于生产仪表 80 台。由于 A 材料市场价格下降，用该材料生产的仪表每台市价由 2 600 元降至 1 800 元，但是将 A 材料加工成仪表，尚需发生加工费 64 000 元。估计发生销售费用和税金为 4 000 元。

3. 要求：

（1）计算用 A 材料生产的仪表的可变现净值。

（2）计算 2013 年 12 月 31 日 A 材料的可变现净值。

（3）计算 2013 年 12 月 31 日 A 材料应计提的跌价准备。

（4）编制计提 A 材料跌价准备的会计分录。

习题五

1. 目的：练习成本与可变现净值孰低法。

2. 资料：2011 年年初 A 公司甲存货的跌价准备余额为 0。当年末，甲存货的实际成本为 80 000 元，可变现净值为 77 000 元；假设其后各年甲存货的成本没变，可变现净值分别为：2012 年年末，73 000 元；2013 年年末，77 500 元；2014 年年末，81 000 元。

3. 要求：计算各年应提取或应冲减的甲存货的跌价准备并编制相关的会计分录。

习题六

1. 目的：练习库存商品的售价金额核算法。

2. 资料：商业零售企业 B 公司为一般纳税人，商品售价均为含税售价，为简化核算手续，增值税销项税额于月末一并计算调整。6 月初家电组"库存商品"账户的余额为 206 220 元，"商品进销差价"账户的余额为 23 220 元，6 月份发生的有关商品购销的业务如下：

（1）2 日，购进彩电一批，进价为 90 000 元，增值税进项税额为 15 300 元，商品由家电组验收，货款尚未支付。商品售价总额（含税）为 168 480 元。

（2）15 日，销售热水器一批，收到货款 35 100 元送存银行。

（3）18 日，购进电冰箱一批，进价为 60 000 元，增值税进项税额为 10 200 元，销货方代垫运杂费 3 000 元。商品由家电组验收，货款用银行存款支付。商品售价总额（含税）为 105 300 元。

（4）26 日，销售彩电一批，货款 70 200 元尚未收到。

（5）30 日，计算并结转已销商品进销差价。

（6）30 日，计算调整增值税销项税额。

3. 要求：根据上述资料，编制有关经济业务的会计分录。

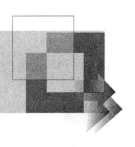

第五章
金融资产

一、内容提要

金融资产指企业以购买股票、债券、基金的方式直接投资于证券市场的活动。企业的金融资产有不同的目的,会计上的确认、计量和披露要求也存在差异。本章在对金融资产进行分类的基础上,分别就交易性金融资产、持有至到期投资、可供出售金融资产的会计核算进行了详细阐释。

二、重点、难点问题解析

(一) 金融资产的种类

(1) 金融资产按品种分为股票投资、债券投资和基金投资。

(2) 金融资产按管理意图分为交易性金融资产、持有至到期投资和长期股票投资,以及可供出售金融资产。

这里应掌握金融资产的分类标准,理解每类包括的内容及其含义。需要说明的是,长期股票投资核算比较复杂且难度大,将在第六章与其他形式的长期股权投资一起阐释。

(二) 金融资产的确认

1. 交易性金融资产

交易性金融资产指准备近期出售而购入和持有的金融资产,如为近期出售而购入的股票、债券和基金。该类投资时刻处于交易状态,会计上列作流动资产。满足以下条件之一的金融资产,应当划分为交易性金融资产:

(1) 取得该金融资产主要是为了近期内出售。例如,企业以赚取差价为目的从二级市场购入的股票、债券和基金等就属于交易性金融资产。

(2) 属于进行集中管理的可辨认金融工具组合的一部分,且有客观证据表明企业近期采用短期获利方式对该组合进行管理。在这种情况下,即使组合中有某个组成项目持有的期限稍长也不受影响。

(3) 属于衍生工具。例如,国债期货,股指期货等就属于衍生工具。

2. 持有至到期投资

持有至到期投资是指到期日固定、回收金额固定或可确定,且企业有明确意图和能力持有至到期的投资。其特征为:

（1）到期日固定、回收金额固定或可确定。这是指相关合同明确了投资者在确定的期间内获得或应收取现金流量（如投资利息和本金等）的金额和时间。因此，对于投资者而言，如果不考虑其他条件，其在将某项投资划分为持有至到期投资时可以不考虑可能存在的发行方的重大支付风险。

（2）有明确意图持有至到期。这是指投资者在取得投资时意图就是明确的，除非遇到一些企业所不能控制、预期不会重复发生且难以合理预计的独立事件，否则其将持有投资至到期。

（3）有能力持有至到期。这是指企业有足够的财务资源，并不受外部因素影响将投资持有至到期。

3. 可供出售金融资产

可供出售金融资产是指购入后持有时间不明确的金融资产以及对被投资单位无重大影响的股权投资。从管理意图看，它介于交易性金融资产与持有至到期投资之间。一般来说，在活跃市场上有报价的股票、债券和基金等，如果没有划分为以公允价值计量且其变动计入当期损益的金融资产，也没有确认为持有至到期投资的，则可将其归为可供出售金融资产。另外，对于没有重大影响的股权投资，由于意图和时间的不确定性，准则也要求作可供出售金融资产管理，初始确认时即被指定为可供出售金融资产。该类投资持有期限不明确，会计上将其列作非流动资产。

某项金融资产具体应分为哪一类，主要取决于企业管理层的风险管理、投资决策等因素。它们的分类应是管理层意图的真实表达。

（三）金融资产的计量

1. 初始计量

交易性金融资产的初始成本按购入时的公允价值计量；实际付款中包括已宣告发放但尚未支付的现金股利或已到付息期但尚未领取的债券利息，不计入投资成本，作为暂付款项通过"应收股利"或"应收利息"账户核算；所发生的证券交易税费，作为当期损益处理，直接减少当期的投资收益。

持有至到期投资初始确认时，按照公允价值与相关税费之和作为初始入账金额；实际付款中包含的已到付息期但尚未领取的债券利息，作为应收款项单独核算，不计入投资成本。

可供出售金融资产应按公允价值与相关交易税费之和作为初始入账金额；实际付款中包含的已宣告发放但尚未支付的现金股利或已到付息期但尚未领取的债券利息，也不计入投资成本，同样作为应收款项单独核算。

可见，对上述三项金融资产，初始入账金额基本一致，但对购买时发生的交易税费是否计入投资成本的会计处理有差异。

2. 后续计量

企业持有交易性金融资产的目的主要是进行投机，赚取差价。会计处理着重于揭示该项金融资产与金融市场的紧密结合性，同时反映该类金融资产相关市场变量变化对其价值的影响，进而对企业财务状况和经营成果的影响。因此，交易性金融资产的期末计价采用公允价值，其变动损益直接计入当期利润表。

持有至到期投资按摊余成本进行后续计量，其中对持有期内利息收入的确认应采用实际利率法计算。

可供出售金融资产也按公允价值进行后续计量。因其持有时间不确定、持有意图也不明确，故对期末的公允价值变动损益先计入当期的其他综合收益，以后处置该项资产时，再将其转出，作为当期的投资收益处理。

上述三类金融资产的初始计量与后续计量具体如表 5-1 所示。

表 5-1　三类金融资产的初始计量与后续计量

类　别	初始计量	后续计量
交易性金融资产	公允价值，交易税费减少当期投资收益；所付价款中包含的应收股利或应收利息不计入初始成本，单独核算	公允价值，期末的公允价值变动损益直接计入当期利润表
可供出售金融资产	公允价值，交易税费计入初始成本；所付价款中包含的应收股利或应收利息不计入初始成本，单独核算。	公允价值，期末的公允价值变动损益计入其他综合收益
持有至到期投资		摊余成本

（四）持有至到期投资溢价或折价的摊销

持有至到期投资溢价或折价的摊销主要针对持有至到期的债券投资而言。当债券的票面利率高于市场利率时，购入债券会发生溢价；相反的情况，购入债券则会发生折价。从性质上看，债券溢价是投资者为以后各期多得利息收入而预先付出的代价，债券折价是因为投资者在以后各期获得的利息收入低而预先得到的补偿。既然如此，购入债券发生的溢折价应在债券的存续期内分摊，作为各期利息收入进行调整，这项工作被称为分摊债券溢折价，也称"利息调整"。理论上，分摊方法有直线法、实际利率法两种。直线法对债券溢折价平均分摊，非常简单；实际利率法先按实际利率及债券摊余价值确认债券投资的利息收入，该金额与按票面利率计算的应收利息的差额，作为各期溢价或折价的摊销额。这里，实际利率是在取得投资时确定，具体指将持有至到期投资在预期存续期内的未来现金流量折现为该投资账面价值所使用的利率。一经确定，在随后期间保持不变。采用实际利率法确认各期利息收入并摊销债券溢价或折价的有关计算如下：

各期债券投资利息收入 = 债券摊余成本 × 实际利率（购入时计算的）

各期应收利息 = 债券面值 × 票面利率

各期摊销的债券溢价或折价 = 当期利息收入 - 当期应收利息

运用实际利率法确认的利息收入能使收入与费用得到合理配比。因此现行会计准则要求采用这种方法。

持有至到期投资的核算内容包括：购入债券；持有期内按实际利率法确认利息收入、应收利息并分摊债券溢价或折价；到期收回投资。

（五）金融资产减值

1. 交易性金融资产减值

交易性金融资产的特点决定了期末采用公允价值计量，持有期内，不管市价如何下跌，即使发生了减值损失，也作为公允价值变动损失直接计入当期损益，不单独核算减值损失。

2. 持有至到期投资减值

持有至到期投资按摊余成本进行后续计量，如有迹象表明发生了减值，应预计该项投资的未来现金流量现值；并将期末账面价值高于期末估计的未来现金流量现值的差额，确认为减值损失，计入当期损益。会计处理上应借记"资产减值损失"账户，贷记"持有至到期投资减值准备"账户。

确认减值损失后，如有确凿证据表明原造成该项资产减值的因素发生逆转，使该项金融资产价值得以恢复，则原确认的减值损失应当予以转回，计入当期损益。会计处理上应借记"持有至到期投资减值准备"账户，贷记"资产减值损失"账户。应注意：转回后该项投资的账面价值不得超过假设不计提减值情况下该项金融资产在转回日的摊余成本。

3. 可供出售金融资产减值

可供出售金融资产一般不核算减值，其公允价值正常变动发生的暂时损失计入其他综合收益。但当公允价值发生较大幅度下跌，且在综合考虑各种相关因素后，预期这种下跌趋势属于非暂时性的，则可认定该项金融资产已发生减值，应当确认减值损失。初次确认减值时，减值损失为期末公允价值低于初始成本的差额。以后如果情况进一步恶化，增加的减值损失按期末与期初公允价值的差额确定。会计处理上，应先将原计入其他综合收益的累计净损失转出，计入当期损益，即借记"资产减值损失"账户，贷记"其他综合收益"账户。若以前不存在直接计入其他综合收益的公允价值变动，减值损失额则直接计入当期损益，借记"资产减值损失"账户，贷记"可供出售金融资产——公允价值变动"账户，以调减可供出售金融资产的账面价值。

对于作为可供出售金融资产持有的债券已确认的减值损失，若在随后的会计期间公允价值上升且客观上与确认原减值损失时发生的事项有关，则原确认的减值损失应当转回，计入当期损益。作为可供出售金融资产持有的股票已确认的减值损失，减值转回时不计入当期损益，而是计入所有者权益项下的其他综合收益；如果因为退市等原因使股权在活跃市场中没有报价，则计提的减值损失不得转回，而应在该股权处置后计入当期损益。

（六）持有至到期投资与可供出售金融资产的重分类

由于交易性金融资产的期末计价采用公允价值，且其变动损益直接计入当期利润表中，故该项金融资产不能与持有至到期投资、可供出售金融资产进行相互划转。但当企业的持有能力与意图发生变化时，后两种金融资产之间可进行相互划转，我们一般称为"重分类"。

这里的关键是掌握重分类日的会计处理规则。

1. 将持有至到期投资重分类为可供出售金融资产

重分类日，将该项债券投资的账面价值与公允价值间的差额计入资本公积，在该项可供出售金融资产发生减值或终止确认时转出，计入当期损益。之后按可供出售金融资产进行核算和管理。

2. 将可供出售金融资产重分类为持有至到期投资

其摊余成本为重分类日该种债券的公允价值。该债券在重分类前因公允价值变动而原直接计入所有者权益的利得或损失，在该债券的剩余期限内，采用实际利率法摊销，计入当期损益；该债券的摊余成本与到期日金额之间的差额，也应当在该债券剩余期限内，采用实际利率法摊销，计入当期损益；该债券在随后会计期间发生减值的，原直接计入资本公积的净损益，应当转出计入当期损益。

三、综合练习题

（一）单项选择题

1. 某公司购入一批股票作为交易性金融资产核算和管理，实际支付价款中包含已宣告发放但尚未领取的现金股利，其核算账户应为（　　）。

　　A. "应收股利"　　　　　　　　　　　　B. "交易性金融资产"

　　C. "投资收益"　　　　　　　　　　　　D. "财务费用"

2. 某公司购入一批债券，计划持有至到期，对于购入时所发生的相关税费，正确的处理方法是（　　）。

　　A. 计入财务费用　　　　　　　　　　　B. 减少投资收益

　　C. 计入投资成本　　　　　　　　　　　D. 增加管理费用

3. 某公司认购 C 公司普通股股票 1 000 股，每股面值 10 元，实际买价每股 11 元，其中包含已宣告发放但尚未领取的现金股利 500 元，另外支付相关费用 100 元。公司将该批股票作为交易性金融资产核算和管理，则该批投资的初始投资成本为（　　）元。

　　A. 10 000　　　　　　B. 11 000　　　　　　C. 11 600　　　　　　D. 10 500

4. 交易性金融资产期末计价采用（　　）。

　　A. 实际成本　　　　　　　　　　　　　B. 公允价值

　　C. 成本与市价孰低法　　　　　　　　　D. 账面价值与可收回金额孰低法

5. 对于可供出售金融资产持有期内发生的公允价值变动损益，正确的处理方法是（　　）。

　　A. 计入其他综合收益

　　B. 收益增加其他综合收益，损失减少投资收益

C. 作为投资收益计入当期损益

D. 作为公允价值变动损益计入当期利润

6. 2015 年年初，企业购入一批同期发行的 3 年期分期付息债券，计划持有至到期。持有期内按期确认的应收利息，其核算账户是（　　　）。

　　A. "持有至到期投资——应计利息"　　　　B. "其他应收款"

　　C. "应收利息"　　　　　　　　　　　　　D. "长期应收款"

7. 2014 年 7 月 2 日，企业购入一批同期发行的 3 年期分期付息债券，计划持有至到期，该批债券的利息于到期时同本金一起支付。持有期内企业按期确认的应收利息，其核算账户是（　　　）。

　　A. "持有至到期投资——应计利息"　　　　B. "其他应收款"

　　C. "应收利息"　　　　　　　　　　　　　D. "长期应收款"

8. 2014 年 7 月 1 日，A 公司以每张 900 元的价格购入 B 公司 2014 年 1 月 1 日发行的面值 1 000 元、票面利率 3%、3 年期、到期一次还本付息的债券 50 张，计划持有至到期。该项债券投资的折价金额应为（　　　）元。

　　A. 5 000　　　　　　B. 5 600　　　　　　C. 5 750　　　　　　D. 4 400

9. 2013 年 1 月 1 日，甲公司以 19 800 万元购入一批 3 年期、到期还本、按年付息的公司债券，每年 12 月 31 日支付利息。该公司债券票面年利率为 5%，实际利率为 5.38%，面值总额为 20 000 万元，甲公司将其确认为持有至到期投资，每年年末采用实际利率法和摊余成本计量。该债券 2014 年 12 月 31 日应确认的投资收益为（　　　）万元。

　　A. 1 000　　　　　　B. 1 068.75　　　　　C. 1 076　　　　　　D. 1 065.24

10. 下列有关金融资产初始计量的表述中，不正确的是（　　　）。

　　A. 交易性金融资产按公允价值进行初始计量，交易税费计入当期损益

　　B. 可供出售金融资产按公允价值进行初始计量，交易税费计入初始成本

　　C. 持有至到期投资按公允价值进行初始计量，交易税费计入初始成本

　　D. 可供出售金融资产按公允价值进行初始计量，交易税费计入当期损益

11. 下列有关可供出售金融资产后续计量的表述中，正确的是（　　　）。

　　A. 按公允价值进行后续计量，变动损益计入当期投资收益

　　B. 按摊余成本进行后续计量

　　C. 按公允价值进行后续计量，变动损益计入其他综合收益

　　D. 按公允价值进行后续计量，变动损益计入当期公允价值变动损益

12. 2013 年 1 月 1 日，甲公司以 3 060 万元购入一批 3 年期、到期还本、按年付息的公司债券，每年 12 月 31 日支付利息。该债券票面年利率为 5%，实际利率为 4.28%，面值为 3 000 万元。甲公司将其确认为持有至到期投资。于每年年末采用实际利率法和摊余成本计量，该债券 2014 年 12 月 31 日摊余价值为（　　　）万元。

　　A. 3 020　　　　　　B. 3 040.97　　　　　C. 3 000　　　　　　D. 3 021.12

13. 下列有关金融资产重分类的表述中，正确的是（　　　）。

　　A. 可供出售金融资产可根据需要划分为交易性金融资产

　　B. 持有至到期投资可重分类为可供出售金融资产

　　C. 可供出售金融资产不能重分类为持有至到期投资

　　D. 交易性金融资产可根据需要重分类为持有至到期投资

14. 若将持有至到期投资重分类为可供出售金融资产，在重分类日，对持有至到期投资账面价值与公允价值的差额，正确的处理方法是（　　　）。

　　A. 计入其他综合收益　　　　　　　B. 调整投资收益

　　C. 作为公允价值变动损益计入当期利润　　D. 调整持有至到期投资减值准备

15. 可供出售金融资产，性质上属于（　　　）。

　　A. 流动资产　　　B. 流动负债　　　C. 非流动资产　　　D. 非流动负债

（二）多项选择题

1. 企业的下列各项收入，应确认为投资收益的有（　　　）。

　　A. 国债投资的利息收入　　　　　　B. 购买公司债券的利息收入

　　C. 出售交易性金融资产的净收入　　　D. 银行存款结算户的利息收入

　　E. 长期股权投资分得的股票股利

2. 企业对可供出售金融资产持有期内收到的分期付息债券利息，可能贷记的账户包括（　　　）。

　　A. "应收利息"　　　　　　　　　　B. "投资收益"

　　C. "银行存款"　　　　　　　　　　D. "可供出售金融资产"

　　E. "持有至到期投资——应计利息"

3. 对持有至到期投资，下列表述中正确的有（　　　）。

　　A. 企业从二级市场上购入固定利率的国债、浮动利率的公司债券等，符合持有至到期投资条件的，可以划分为持有至到期投资

　　B. 购入的股权投资也可能划分为持有至到期投资

　　C. 持有至到期投资通常具有长期性质，但期限较短（1 年以内）的债券投资，符合持有至到期投资条件的，也可将其划分为持有至到期投资

　　D. 持有至到期投资应当将取得时的公允价值作为初始确认金额，相关交易税费直接计入当期损益

　　E. 持有至到期投资在持有期内应按照实际利率确认利息收入，计入投资收益。

4. 在金融资产的初始计量中，对交易费用处理的表述正确的有（　　　）。

　　A. 交易性金融资产发生的相关交易费用直接计入当期损益

　　B. 可供出售金融资产发生的相关交易费用计入初始成本

　　C. 持有至到期投资发生的相关交易费用计入初始成本

D. 交易性金融资产发生的相关交易费用计入初始成本

E. 可供出售金融资产发生的相关交易费用直接计入当期损益

5. 下列各选项中，应确认投资收益的有（　　　）。

A. 持有至到期投资在持有期间按摊余成本和实际利率计算的利息收入

B. 可供出售金融资产在资产负债表日确认的公允价值与其账面价值的差额

C. 交易性金融资产在购入当期获得的现金股利

D. 交易性金融资产在资产负债表日确认的公允价值大于账面价值的差额

E. 交易性金融资产出售时取得的收入大于其账面价值的差额

6. 下列各项资产应确认减值损失的有（　　　）。

A. 交易性金融资产　　　　　　　　　B. 可供出售金融资产

C. 持有至到期投资　　　　　　　　　D. 应收款项

E. 存货

7. 下列关于金融资产重分类的叙述，正确的有（　　　）。

A. 交易性金融资产可以重分类为可供出售金融资产

B. 交易性金融资产可以重分类为持有至到期投资

C. 持有至到期投资可以重分类为可供出售金融资产

D. 可供出售金融资产可以重分类为持有至到期投资

E. 可供出售金融资产可以重分类为交易性金融资产

8. 企业金融资产确认减值损失时，可能贷记的账户包括（　　　）。

A. "其他综合收益"　　　　　　　　　B. "坏账准备"

C. "可供出售金融资产——公允价值变动"　D. "资产减值损失"

E. "持有至到期投资减值准备"

9. 持有至到期投资的摊余成本是指其初始确认金额（　　　）的结果。

A. 扣除已收回的本金

B. 加上或减去采用实际利率法将该初始确认金额与到期日金额之间的差额进行摊销形成的累计摊销额

C. 加上或减去采用直线法摊销形成的累计摊销额

D. 扣除已发生的减值损失

E. 加上或减去公允价值变动

10. 对交易性金融资产的会计处理，下列表述中正确的是（　　　）。

A. 购入时按公允价值与支付的相关交易税费之和确认初始成本

B. 资产负债表日以公允价值计量，其变动金额计入当期投资收益

C. 出售时，将收入金额与其账面价值之间的差额确认为投资收益；同时将原记入"公允价值变动损益"账户的金额转入"投资收益"账户

D. 持有期间取得的利息或现金股利，冲减其账面价值

E. 购入时所付价款中包含的已宣告但尚未支付的债券利息或现金股利，作为应收款项单独核算

（三）简答题

1. 企业购买上市交易的债券，会计上可分别确认为哪些资产？依据是什么？
2. 如何区分交易性金融资产与可供出售金融资产？
3. 如何确认持有至到期投资？
4. 交易性金融资产与可供出售金融资产的会计处理有何不同？

（四）业务题

习题一

1. 目的：练习交易性金融资产的核算。

2. 资料：甲股份有限公司有关投资业务的资料如下：

（1）2014 年 3 月 1 日，以银行存款购入 A 公司股票 50 000 股，作为交易性金融资产管理，每股价格 16 元，同时支付相关税费 4 000 元。

（2）2014 年 4 月 20 日，A 公司宣告发放现金股利，每股 0.4 元；支付日为 2014 年 6 月 25 日。

（3）2014 年 4 月 22 日，甲公司又购入 A 公司股票 50 000 股作为交易性金融资产，每股买价 18.4 元（其中包含已宣告发放但尚未支取的股利每股 0.4 元），同时支付相关税费 6 000 元。

（4）2014 年 6 月 25 日，收到 A 公司发放的现金股利 40 000 元。

（5）2014 年 12 月 31 日，A 公司股票市价为每股 20 元。

（6）2015 年 2 月 20 日，甲公司出售其持有的 A 公司股票 100 000 股，实际收到现金 210 万元。

3. 要求：对上述经济业务编制有关会计分录。

习题二

1. 目的：练习持有至到期投资的核算。

2. 资料：2014 年 1 月 2 日，甲公司购买了一批乙公司债券计划持有至到期，该债券为 5 年期，面值 1 100 万元，票面利率 3%，实际付款 961 万元（含交易费用 10 万元），利息于各年年末支付，第 5 年年末兑付本金及最后一期利息。甲公司在购买时预计发行方不会提前赎回；该项投资按实际利率法确认投资收益，实际利率为 6%。

3. 要求：

（1）编制甲公司该项投资各期摊余成本与利息收入计算表（格式如表 5 - 2 所示）。

表 5－2   持有至到期投资各期摊余成本与利息收入计算表——实际利率法   单位：元

期　数	应收利息	实际利息收入	摊销折价	期末摊余成本
1				
2				
3				
4				
5				
合计				

（2）编制甲公司 2014 年年初购买债券、年末确认实际利息收入的会计分录。

习题三

1. 目的：练习可供出售金融资产的核算。

2. 资料：2014 年 4 月 5 日，A 公司购入 M 上市公司股票 200 万股作为可供出售金融资产核算和管理，每股买价 20 元（含已宣告但尚未发放的现金股利 2 元），另支付相关费用 20 万元。5 月 15 日收到现金股利 400 万元。6 月 30 日该股票公允价值为每股 18.4 元、9 月 30 日为每股 18.8 元、12 月 31 日为每股 18.6 元。2015 年 1 月 5 日，A 公司将所持 M 公司股票对外出售 100 万股，每股售价 18.8 元。A 公司对外提供季度财务报告。

3. 要求：根据上述资料编制 A 公司的有关会计分录。

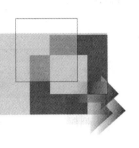

第六章
长期股权投资

一、内容提要

长期股权投资是指企业以购买股票或股份的方式对被投资企业进行的长期投资。这种投资以权益性资本为纽带，形成投资企业与被投资企业之间长期稳定的关系。长期股权投资包括对子公司、合营公司与联营公司的投资，以及对被投资企业不具有控制或共同控制、无重大影响，并且在活跃市场中没有报价、公允价值不能可靠计量的权益性投资。

长期股权投资的核算中应解决两个基本问题：一是合理确定投资的入账价值；二是根据投资企业与被投资企业的关系选用恰当的核算方法。

二、重点、难点问题解析

（一）投资企业与被投资企业的关系类型

长期股权投资形成后，根据投资企业的投资额占对方有表决权资本总额的比例以及对被投资企业的影响程度，我们可将投资企业与被投资企业的关系分为控制、共同控制、重大影响三种类型。实施控制的权益性投资，被投资企业称为投资企业的子公司；实施共同控制的权益性投资，被投资企业称为投资企业的合营企业；具有重大影响的权益性投资，被投资企业称为投资企业的联营企业。这里需要明确两点：

（1）每种投资类型的认定，都应采用持股比例和实质控制权双重标准。实务中，如果投资企业的持股比例不符合规定标准，但存在其他情况，我们应根据实质重于形式的原则，依实质控制的情况认定双方关系的类型。长期股权投资背景下的投资企业与被投资企业的关系类型及其具体认定如表 6-1 所示。

表 6-1　投资企业与被投资企业的关系及认定

类型	认定标准	
	持股比例	实质控制权
控制	50% 以上	（1）通过与其他投资者的协议，拥有被投资企业 50% 以上表决权 （2）根据章程或协议，有权控制被投资企业的财务和经营政策 （3）有权任免被投资企业董事会等类似权力机构的多数成员 （4）在董事会或类似权力机构会议上有半数以上投票权

续表

类型	认定标准	
	持股比例	实质控制权
共同控制	各方相等	各投资者持股比例相同，或按合约规定共同控制被投资企业财务和经营政策
有重大影响	20%～50%（含 20%）	（1）投资企业直接或通过子公司间接地拥有被投资企业有表决权资本总额的 20% 以上 （2）投资企业拥有被投资企业的股权比例在所有投资者中居最高 （3）投资企业与被投资企业之间有重要的交易 （4）投资企业按联营契约的规定拥有经营权

（2）投资方与被投资方的关系类型不同，长期股权投资的核算方法也不一样。当投资方共同控制或对被投资方产生重大影响时，长期股权投资采用权益法核算；否则采用成本法核算。因此，投资方与被投资方关系的正确认定，是正确选用长期股权投资核算方法的前提和依据。

（二）长期股权投资初始投资成本的确定

企业的长期股权投资，可分企业合并形成的长期股权投资与企业合并以外其他方式取得的长期股权投资两种情况说明。两种情况下初始投资成本的确定有差异，重点应掌握后者。

1. 企业合并形成的长期股权投资

在我国，企业合并按性质可分为同一控制下的企业合并与非同一控制下的企业合并两种，有关会计问题将在本科课程"高级财务会计"中阐释。长期股权投资主要产生于控股合并的情况，对于同一控制下的控股合并，长期股权投资初始成本按投资时所取得的被合并方所有者权益账面价值的份额计算确定；投资方所支付对价的账面价值与所取得的投资成本的差额，调整资本公积。对于非同一控制下的控股合并，长期股权投资成本等于所支付对价的公允价值与进行合并所发生的直接费用之和。

2. 企业合并以外其他方式取得的长期股权投资

企业合并以外其他方式取得的长期股权投资的初始投资成本的确定，遵循以下规定：

（1）以支付现金取得的长期股权投资，按照实际支付的购买价款和与投资直接相关的费用、税金及其他必要支出作为初始投资成本。但实际支付的价款中包含的已宣告发放但尚未支付的现金股利，应作为应收项目单独核算，不计入投资成本。

（2）以发行权益性证券取得的长期股权投资，以发行权益性证券的公允价值作为初始投资成本。

（3）通过非货币资产交换方式取得的长期股权投资，初始投资成本按照《企业会计准则第 7 号——非货币性资产交换》的规定确定。

（4）通过债务重组方式取得的长期股权投资，初始成本即为所取得股票或股权的公允价值。

（三）长期股权投资核算的成本法

成本法是指以长期股权投资的初始成本作为登记"长期股权投资"账户的依据，投资的账面金额不受被投资企业权益变动的影响。

以长期股票投资为例，成本法的核算内容如下：

（1）投资发生时，按初始成本记入"长期股权投资"账户。投资入账后，除追加投资或将应分得的现金股利或利润转为投资以及收回投资外，一般不得调整"长期股权投资"账户的账面价值。

（2）被投资单位宣告分派现金股利或利润，除取得投资时实际支付价款或对价中包含的已宣告但尚未发放的现金股利或利润外，投资企业应按其中分享的部分确认投资收益。

（3）被投资企业虽盈利但未分配利润，以及被投资企业发生亏损，投资企业均无需进行账务处理。

（4）处置投资时，注销该项投资的账面价值；所得金额与投资账面价值的差异，作为投资损益处理。

（四）长期股权投资核算的权益法

权益法是指"长期股权投资"账户的金额要随被投资单位所有者权益总额的变动进行相应调整，以完整反映投资企业在被投资企业的实际权益。它适用于投资企业对被投资企业具有共同控制或重大影响的情况。以股票投资为例，权益法的主要核算内容如下：

（1）初始投资或追加投资时，按照初始成本或追加成本借记"长期股权投资——成本"账户。长期股权投资成本若大于投资时应享有的被投资单位可辨认净资产公允价值的份额，其差额不调整"长期股权投资——成本"账户记录。相反的情况，则应以该差额调整投资成本，同时增加当期收益，即按差额借记"长期股权投资——成本"账户，贷记"营业外收入"账户。

（2）投资损益的核算。投资后的各会计期末，投资企业应根据被投资企业实现的净损益中自己所占的份额确认投资损益。

① 被投资企业盈利时，投资企业按持股比例计算应享有的份额，增加长期股权投资的账面余值，并确认为当期投资收益。

投资收益＝被投资企业当年实现的净利润×投资持股比例

② 被投资企业发生亏损时，投资企业按持股比例计算应分担的份额，减少长期股权投资的账面余值，并确认为当期投资损失。

投资损失＝被投资企业当年发生的亏损×投资持股比例

投资当年计算投资损益时，上式中被投资企业实现的净利润或发生的亏损应以投资后产生的金额为依据。如果被投资企业发生巨亏，以至于投资企业应分担的份额超过了该项投资的账面价值，在这种情况下，投资企业承担的亏损额一般以长期股权投资账面价值以及其他实质上构成对被投资企业净投资的长期权益减记至零为限（有额外保证的除外）。这是由公司制企业的性质——投资者只承担有限责任决定的。

③ 投资企业在确认应享有的被投资企业净损益的份额时，应以取得投资时被投资企业各项可辨认资产的公允价值为基础，对被投资企业的净利润进行调整后确认。就是说，投资时如果被投资企业资产、负债的公允价值与账面价值不等，而被投资企业核算的利润是建立在其资产、负债账面价值的基础上（如本期销售的存货按账面价值结转销售成本、固定资产按账面价值计提折旧等），根据权益法的要求，投资企业确认投资收益时，应将被投资企业按账面价值确认的利润调整为按其公允价值确认的利润，进而调整投资企业原确认的投资收益。例如，投资时被投资企业某项设备的公允价值40万元、账面价值为30万元，两者相差10万元，该设备尚可使用5年，按直线法计提折旧；投资企业的持股比例为40%。据此，被投资企业核算的设备年折旧额为6万元，而按公允价值每年应计提折旧8万元，被投资企业账面少提折旧2万元，由此增加利润2万元，也因此使投资企业多确认投资收益8 000元（20 000×40%）。在采用权益法时，期末，投资企业应调减投资收益8 000元。即借记"投资收益"账户，贷记"长期股权投资——损益调整"账户。投资持有期内，投资企业采用权益法确认投资收益时，每期期末均应进行上述调整。此外，被投资企业的会计政策与投资企业不一致的，投资企业也应做同样的调整处理。

（3）取得现金股利或利润。被投资企业宣告分派现金股利时，会引起净资产的减少，投资企业所占的份额也相应减少。因此，投资企业对应收的现金股利，作为"应收股利"入账，同时减少"长期股权投资——损益调整"账户的账面金额。从被投资方分得的现金股利或利润超过已确认损益调整的部分，视同投资成本的收回，冲减长期股权投资的账面价值。

（4）投资期内，被投资企业因各种原因引起其他综合收益或资本公积发生变化时，投资企业也应按持股比例计算应享有的份额，在调整"长期股权投资——其他权益变动"账户余值的同时，调整"其他综合收益"或"资本公积——其他资本公积"账户。

（五）成本法与权益法的转换

由于追加投资或减少投资等原因，投资企业对被投资企业的影响程度也会发生相应变化，从而引发股权投资核算由成本法转换为权益法或由权益法转换为成本法的问题。这里的关键是正确确定转换日的投资成本。也就是说，将长期股权投资自成本法转按权益法核算的，应将转换时该项投资的账面价值作为权益法核算的初始投资成本；初始投资成本小于转换日占被投资单位可辨认净资产公允价值份额的差额，借记"长期股权投资——成本"账户，贷记"营业外收入"账户。将长期股权投资自权益法转按成本法核算的，应按中止采用权益法时该项投资的账面价值作为成本法核算的初始投资成本。企业合并形成的长期股权投资除外。

（六）长期股权投资减值

长期股权投资的期末计价不采用公允价值，因为长期股权投资的目的与交易性投资或可供出售投资不同，它主要是为了与被投资企业保持一种长期稳定的特殊关系，控制对方资源的使用（或实施重大影响）并从中获益。因此，被投资企业股票价格的暂时变动对投资企业正确反映当期的经营成果与期末财务状况影响不大。但从稳健的角度考虑，企业对长期股权投资应定期进行减值测试（至少一年一次），尤其遇到投资市价持续下跌或被投资企业经营状况恶化等情况时，更应如此。当可收回金额低于投资的账面价值时，差额即为长期股权投资减值损失，应计入当期损益，借记"资产减值损失"账户，贷记"长期股权投资减值准备"账户。

这里，可收回金额是指期末估计的该项投资的出售净价（公允价值与估计处置费用之差）与预期从该资产的持有和投资到期处置中形成的预计未来现金流量的现值两者之中的较高者。需要注意的是：已计提的长期股权投资减值准备在投资持有期间不得转回，处置投资时再进行结转。

三、综合练习题

（一）单项选择题

1. 购入作为长期投资的股票，实际支付价款中包含的已宣告发放但尚未收取的现金股利，其核算账户应为（　　）。

    A．"应收股利"　　　B．"长期股权投资"　C．"财务费用"　　　　D．"投资收益"

2. A 公司认购 C 公司普通股 10 万股计划长期持有，每股面值 1 元，实际买价每股 15 元，其中包含已宣告发放但尚未收取的现金股利 0.3 元；另外支付相关费用 6 000 元。则该批股票的初始投资成本为（　　）元。

    A．1 000 000　　　B．1 476 000　　　C．1 500 000　　　D．1 506 000

3. 2015 年年初，A 公司取得 B 公司 21% 有表决权的股份，B 公司因此成为 A 公司的（　　）。

    A．子公司　　　　　B．合营公司　　　C．联营公司　　　　D．投资公司

4. H 公司以某一成套设备对 A 公司投资，取得 A 公司 20% 有表决权的股份，准备长期持有。该设备公允价值 30 万元，账面价值 26 万元，未计提减值准备，发生清理费用 2 000 元。投资前，H 公司与 A 公司不存在关联关系。则 H 公司对该项长期股权投资确认的初始成本应为（　　）元。

    A．302 000　　　　B．300 000　　　　C．262 000　　　　D．260 000

5. 长期股权投资减值是指期末估计的可收回金额低于该项投资的期末账面价值。其中可收回金额是指（　　）。

A. 期末估计的该项投资的出售净价　　　B. 该项投资未来预计现金流量的现值

C. A 与 B 中较高的金额　　　D. A 与 B 中较低的金额

6. 下列情况下的长期股权投资，应采用成本法核算的是（　　）。

A. 持股比例 55%

B. 持股比例 40%

C. 持股比例 20%

D. 投资合约规定投资各方共同控制被投资方企业

7. K 公司欠 M 公司货款 50 万元已逾期 1 年，现 K 公司财务困难无法偿付。双方商议进行债务重组，M 公司将在 K 公司的债权转为对 K 公司的股权投资。债务重组日，M 公司收到 K 公司发行的普通股股票 3 万股计划长期持有，该股票每股市价 10 元，面值 1 元。M 公司对该项债权已计提坏账准备 5 万元。对该项长期股权投资，M 公司应确认初始投资成本为（　　）万元。

A. 25　　　　B. 30　　　　C. 45　　　　D. 50

8. 长期股权投资（指非企业合并而形成）采用权益法核算时，初始投资成本小于投资时应享有的被投资单位可辨认净资产公允价值份额的，其差额应借记"长期股权投资——成本"账户，贷记的账户应为（　　）。

A. "投资收益"　　　　B. "资本公积——其他资本公积"

C. "长期股权投资——其他权益变动"　　　D. "营业外收入"

9. 2013 年 1 月 2 日，L 公司以银行存款 600 万元对 D 公司投资，取得 D 公司 50% 的股份；同日，D 公司可辨认净资产的公允价值为 1 000 万元、与其账面价值相等。2013 年 3 月 2 日，D 公司宣告分配 2012 年度现金股利 100 万元；2013 年 D 公司实现净利润 600 万元，D 与 L 公司采用相同的会计政策与会计期间。则 2013 年年末，L 公司"长期股权投资"的账面余额应为（　　）万元。

A. 750　　　　B. 850　　　　C. 900　　　　D. 1 000

10. 2012 年年初，H 公司购入 A 公司 30% 的股票计划长期持有，初始投资成本为 165 万元，采用权益法核算；投资时 A 公司可辨认净资产的公允价值为 600 万元。2012 年 A 公司实现净利润 150 万元，宣告分配现金股利 100 万元；2013 年 A 公司发生亏损 200 万元。据此计算，2013 年年末 H 公司该项长期股权投资的账面余额应为（　　）万元。

A. 115　　　　B. 120　　　　C. 135　　　　D. 210

11. 2014 年 4 月 1 日，甲公司向乙公司投资 900 万元现款，占乙公司注册资本的 90%，甲公司个别报表中对该项投资采用成本法核算。2014 年乙公司实现净利润 600 万元（假设每月均衡），并宣告分配现金股利 500 万元。则 2014 年度甲公司个别报表中应确认投资收益（　　）万元。

A. 405　　　　B. 450　　　　C. 540　　　　D. 600

12. 下列有关长期股权投资会计处理的说法中，正确的是（　　）。

    A. 企业无论以何种方式取得长期股权投资，实际支付价款或对价款中包含的已宣告但尚未领取的现金股利或利润，均应计入长期投资成本

    B. 长期股权投资无论采用成本法还是权益法核算，均应按照被投资企业宣告分配的现金股利及投资比例确认投资收益

    C. 非同一控制下企业合并形成的长期股权投资，发生的相关直接费用，作为企业的管理费用处理

    D. 长期股权投资采用权益法核算时，初始投资成本大于投资时应享有被投资单位可辨认净资产公允价值份额的，该差额不调整已确认的初始投资成本

13. 出售采用权益法核算的长期股权投资时，应按出售该项投资的投资成本比例结转原计入资本公积的金额，转入的项目是（　　）。

    A. "资本公积——资本溢价"　　　　B. "投资收益"

    C. "长期股权投资——成本"　　　　D. "资本公积——其他资本公积"

14. 2015 年年初，A 公司取得 B 公司 40% 的表决权资本，计划长期持有，且采用权益法核算。投资日，B 公司行政部门使用的一项设备公允价值为 20 万元、账面价值为 24 万元，设备尚可使用 4 年，以直线法折旧。则当年末，A 公司确认该项设备对投资收益的影响金额是（　　）。

    A. 调增投资收益 4 000 元　　　　B. 调减投资收益 4 000 元

    C. 调增投资收益 16 000 元　　　　D. 0

15. 长期股权投资采用权益法核算，被投资企业宣告分配现金股利时，投资企业对应收金额的正确处理方法是（　　）。

    A. 减少"长期股权投资——损益调整"　　B. 增加"投资收益"

    C. 减少"应收股利"　　　　　　　　　　D. 减少"长期股权投资——成本"

16. 长期股权投资中，如果投资方能对被投资方产生重大影响，则该项投资的会计核算应采用（　　）。

    A. 成本法　　　　　　　　　　B. 权益法

    C. 市价法　　　　　　　　　　D. 账面价值与可收回金额孰低法

17. 采用权益法核算长期股权投资，被投资企业发生亏损时，投资企业应按分担的份额编制的会计分录是（　　）。

    A. 借：长期股权投资　　　　　B. 借：营业外支出

          贷：投资收益　　　　　　　　　　贷：银行存款

    C. 借：实收资本　　　　　　　D. 借：投资收益

          贷：长期股权投资　　　　　　　　贷：长期股权投资

18. 2014 年年初，甲公司取得乙公司 20% 的表决权股份准备长期持有，初始成本 100 万元，采用权益法核算。当年乙公司因投资决策失误，发生亏损 600 万元。据此，2014 年年末，甲公司应确认投资损失金额（　　）万元。

A. 100　　　　　B. 120　　　　　C. 500　　　　　D. 600

19. 2012年1月1日，A公司取得B公司30%普通股股份且具有重大影响，按权益法核算。取得长期股权投资时，B公司一项使用寿命不确定的无形资产账面价值为80万元，公允价值为120万元。其他资产的公允价值与账面价值相等。2012年12月31日，该资产的可收回金额为60万元，B公司确认了20万元减值损失。2012年B公司实现净利润500万元，假设两个公司的会计期间和会计政策相同，则经调整后A公司确认的投资收益是（　　）万元。

A. 150　　　　　B. 144　　　　　C. 138　　　　　D. 162

20. 甲公司和乙公司不存在关联关系，2013年6月1日，乙公司经审计的净资产公允价值为1亿元，甲公司以评估的实物资产5 000万元（账面价值为4 500万元）对乙公司进行投资，同时以银行存款支付审计、法律等相关费用50万元，拥有乙公司54%的股权。则甲公司此项长期股权投资的初始成本是（　　）万元。

A. 5 050　　　　B. 4 550　　　　C. 5 400　　　　D. 5 450

（二）多项选择题

1. 采用权益法核算时，下列能引起长期股权投资账面价值发生变动的事项有（　　）。
   A. 计提长期股权投资减值准备　　　　B. 收到股票股利
   C. 被投资企业资本公积增加　　　　　D. 被投资企业宣告分派现金股利
   E. 投资企业实际收到现金股利

2. 下列长期股权投资中，应采用权益法核算的是（　　）。
   A. 投资企业占被投资企业15%的表决权
   B. 投资企业占被投资企业35%的表决权
   C. 投资企业占被投资企业75%的表决权，但被投资企业正在进行破产清算
   D. 投资企业占被投资企业60%的表决权，但计划近期内出售被投资企业的股份
   E. 投资企业占被投资企业18%的表决权，但投资企业按联营契约的规定拥有经营权

3. 采用成本法或权益法核算长期股权投资，两者的区别有（　　）。
   A. 成本法，投资时按成本记账；权益法，投资时按市价记账
   B. 成本法，将宣告分配的现金股利确认为投资收益（取得投资时已作为"应收股利"核算的除外）；权益法，将宣告分配的现金股利减少投资账面余额
   C. 成本法，不确认被投资企业发生的亏损；权益法，按持股比例确认被投资企业的亏损
   D. 成本法，期末按成本计价；权益法，期末按可收回金额计价
   E. 成本法，计提的减值准备允许转回；权益法，计提的减值准备不允许转回

4. 下列各选项中，影响长期股权投资取得时初始成本入账金额的有（　　）。
   A. 投资时支付的不含应收股利的价款　　　B. 付出的非现金资产的账面价值

C. 投资时支付的税金、手续费　　　　　　D. 投资时发生的负商誉

E. 为取得长期股权投资而发生的评估、审计、咨询费

5. 采用权益法时，下列业务发生时不影响投资企业投资收益的有（　　）。

A. 长期股权投资在持有期间收到现金股利　B. 被投资企业发放股票股利

C. 被投资企业宣告分配现金股利　　　　　D. 被投资企业发生净亏损

E. 转让长期股权投资时取得的实际价款与其账面价值的差额

6. 长期股权投资采用权益法核算，在被投资企业发生的下列业务中，投资企业不需要进行会计处理的有（　　）。

A. 因发生重大会计差错而调整前期留存收益

B. 提取法定盈余公积

C. 其他资本公积增加

D. 以盈余公积转增资本

E. 用税前利润补亏

7. 下列各选项中，一定能引起投资收益增加的有（　　）。

A. 交易性金融资产持有期内收到的现金股利

B. 持有至到期投资持有期内按实际利率确认的利息收入

C. 可供出售金融资产出售时，结转持有期内已计入其他综合收益的公允价值变动净收益

D. 交易性金融资产在期末确认的公允价值变动收益

E. 长期股权投资的持股比例10%，被投资企业宣告分配现金股利中投资企业享有的份额

8. 企业按成本法核算时，下列事项中不会引起长期股权投资账面价值变动的有（　　）。

A. 被投资企业以资本公积转增资本

B. 被投资企业宣告分派投资前的现金股利

C. 期末计提长期股权投资减值准备

D. 被投资企业接受资产捐赠的当期

E. 被投资企业实现净利润

（三）简答题

1. 长期股权投资核算中，投资企业与被投资企业的关系类型有哪几种？如何界定？

2. 长期股权投资的核算方法有哪些？如何选择？

3. 如何确认并计量长期股权投资减值？

（四）业务题

习题一

1. 目的：练习长期股权投资成本法的核算。

2. 资料：2014 年 6 月 2 日，A 公司委托证券公司购入 H 公司发行的新股 510 万股（假设 H 公司共发行 1 000 万股），计划长期持有，每股面值 1 元、发行价 8 元，发生交易税费与佣金 100 万元，相关款项用之前存放在证券公司的存款支付。2014 年度 H 公司实现净利润 396 万元（每月实现利润均衡），宣告分配现金股利 250 万元，股利支付日为 2015 年 3 月 9 日。

3. 要求：编制 2014 年度 A 公司上述业务的有关会计分录。

习题二

1. 目的：练习长期股权投资权益法的核算。

2. 资料：2014 年 1 月 2 日，甲公司以银行存款 5 000 万元取得乙公司 30% 的股份；当日乙公司可辨认净资产的公允价值为 17 000 万元，账面价值为 15 000 万元，其中固定资产的公允价值为 4 000 万元，账面价值为 2 000 万元，尚可使用 10 年，以直线法计提折旧，无残值。2014 年乙公司实现利润 1 000 万元，当年末宣告分配现金股利 500 万元，支付日为 2015 年 4 月 2 日。双方采用的会计政策、会计期间一致。

3. 要求：编制 2014 年度甲公司上述业务的有关会计分录。

习题三

1. 目的：练习长期股权投资由成本法改为权益法的核算。

2. 资料：A 公司原持有 B 公司 60% 的股权，其账面余额为 6 000 万元，未计提减值准备。2013 年 12 月 6 日，A 公司将所持有的对 B 公司长期股权投资中的 1/3 出售，取得价款 3 600 万元，当日 B 公司可辨认净资产公允价值总额为 16 000 万元。A 公司原取得 B 公司 60% 股权时，B 公司可辨认净资产公允价值总额为 9 000 万元（与账面价值相同）。自 A 公司取得对 B 公司长期股权投资至处置部分投资期间，B 公司实现净利润 5 000 万元。假定 B 公司一直未进行利润分配。除所实现的净损益外，B 公司也未发生其他应计入资本公积的交易或事项。A 公司按净利润的 10% 提取盈余公积。

在出售 20% 的股权后，A 公司对 B 公司的持股比例为 40%，在被投资单位董事会中派有代表，但不能对 B 公司生产经营决策实施控制。由此 A 公司对 B 公司的长期股权投资由成本法改为权益法核算。

3. 要求：编制 A 公司的有关会计分录。

（1）出售所持有 B 公司 20% 的长期股权投资。

（2）长期股权投资由成本法转为权益法核算。

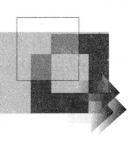

第七章
固定资产

一、内容提要

固定资产是企业从事生产经营活动的基本条件和保障，是企业资产的重要组成部分。本章内容包括固定资产概述、固定资产取得、固定资产折旧、固定资产后续支出、固定资产期末计价及固定资产处置六个方面，重点是固定资产确认、固定资产折旧额的计算、固定资产期末计价及处置。总体来说，本章内容比较容易理解。

二、重点、难点问题解析

（一）固定资产的确认

学习这部分内容应注意以下几点：

（1）确认一项资产是否为固定资产，首先要看其是否同时具有以下三个特征：第一，企业持有该项资产是为生产商品、提供劳务、出租或经营管理（以经营租赁方式出租的建筑物属于企业的投资性房地产而非固定资产）；第二，该项资产的预计使用寿命超过一个会计年度；第三，该项资产是有形资产。

（2）一项资产具备上述三个特征后，必须同时满足以下两个条件才能够确认为固定资产：一是与该项资产有关的经济利益很可能流入企业；二是该项资产的成本能够可靠地计量。

（3）已经确认的固定资产如果出现下列情况之一的，则应当终止确认：一是处置中的固定资产（包括出售、转让、报废或毁损、对外投资、非货币性资产交换、债务重组等）；二是该固定资产预期通过使用或处置不能产生经济利益。

（二）固定资产的计量

固定资产的计量包括固定资产的初始计量和固定资产的后续计量两个方面。

1. 固定资产的初始计量

固定资产的初始计量是指确定固定资产的取得成本。对于从不同渠道以不同方式取得的固定资产，其初始成本的具体构成不同。

（1）企业自行建造的固定资产（包括自营建造和出包建造），应当按照实际发生的支出确定其工程成本。

（2）接受投资的固定资产，应按投资合同或协议约定的价值加上应支付的相关税费作为其入账价值（但合同或协议约定价值不公允的除外）。

（3）对于特殊行业的特定固定资产，确定其初始入账成本时，还应考虑弃置费用（即根据国家法律和行政法规、国际公约等的规定，为承担环境保护和生态恢复等义务所确定的支出）。

2. 固定资产的后续计量

固定资产的后续计量主要包括固定资产折旧的计提、减值损失的确定以及后续支出的计量。

（三）固定资产取得的核算

1. 自行建造固定资产

企业自行建造固定资产分为自营建造和出包建造两种方式。企业不论采用何种方式自行建造固定资产，都应通过"在建工程"账户进行核算。其核算的重点和难点是如何归集和确定固定资产的建造成本。

（1）企业以自营方式建造固定资产，意味着企业自行组织物资采购、自行组织施工人员从事工程施工。但在现行市场经济条件下，这种方式很少见。即便有也是小型土木建筑工程。

在自营方式下，企业采购的工程材料按其实际成本（包括买价、不能抵扣的增值税、运输费、保险费等）记入"工程物资"账户，工程耗用材料、人工等费用记入"在建工程"账户，工程完工交付使用时按建造的实际成本从"在建工程"账户转入"固定资产"账户。

（2）在出包方式下，企业通过招标方式将工程项目发包给建造承包商，由建造承包商（即施工企业）组织工程项目施工。以出包方式建造固定资产的成本，由建造该项固定资产达到预定可使用状态前所发生的必要支出构成，包括发生的建筑工程支出、安装工程支出以及需分摊计入各固定资产价值的待摊支出。

企业采用出包方式建造固定资产的主要核算账户是"在建工程"账户（下设"建筑工程""安装工程""待摊支出"等明细账户），企业支付工程价款等记入该账户的借方，工程完工结算后从其贷方转入"固定资产"账户。

2. 购置固定资产

企业外购固定资产的成本，包括购买价款、相关税费、使固定资产达到预定可使用状态前所发生的可归属于该项资产的运输费、装卸费、安装费和专业人员服务费等。

（1）企业购入不需要安装的固定资产，其账务处理是借记"固定资产"账户，贷记"银行存款""其他应付款""应付票据"等账户。

（2）企业购入需要安装的固定资产，应先通过"在建工程"账户核算其购置成本及安装成本，待设备安装完毕达到预定可使用状态时再转入"固定资产"账户。

需要指出的是，从 2009 年 1 月 1 日起，增值税一般纳税人购入、自制、接受投资、非货币性资产交换或通过债务重组方式受让机器设备类固定资产（具体指机器、机械、运输工具以及其他与企业生产经营有关的设备、工具、器具，不包括房屋建筑物，也不包括与企业技术更新无关的小汽车、摩托车和游艇等）所支付的进项增值税，只要能取得合法的扣税凭证，就准予抵扣，不计入固定资产成本。

（四）固定资产的折旧

学习本部分内容主要注意以下三点：一是了解固定资产折旧的计提范围；二是熟悉固定资产折旧的各种计算方法；三是掌握固定资产折旧的账务处理方法。

1. 固定资产折旧的计提范围

企业需计提折旧的固定资产种类范围是企业所有的固定资产，但已提足折旧仍继续使用的固定资产和单独计价入账的土地除外。

企业在确定固定资产计提折旧的范围时还应注意以下几点：

（1）按月计提，以月初金额为基础。当月增加的固定资产当月不计提折旧（从下月起计提），当月减少的固定资产当月仍计提折旧（从下月起不再计提）。

（2）固定资产提足折旧后（即已经提足应计折旧额），不论能否继续使用，均不再计提折旧。

（3）未达到预计使用年限而提前报废的固定资产，不再补提折旧。

（4）已达到预定可使用状态但尚未办理竣工决算的固定资产，应当按照估计价值确定其成本，并计提折旧；待办理竣工决算后再按实际成本调整原来的暂估价值，但不需要调整原已计提的折旧额。

2. 固定资产折旧的计算方法

固定资产折旧的计算方法可分为两类：一类是直线法，另一类是快速折旧法。

（1）直线法。直线法包括平均年限法和工作量法，其特点是把应计提的固定资产折旧额（原价－预计净残值）平均分摊到预计使用寿命中的各年或每个单位工作量，这样不论是固定资产投入使用的早期还是末期，各期或各单位工作量分摊的折旧额都是一样的，所以称为直线法。

（2）快速折旧法。快速折旧法包括双倍余额递减法和年数总和法，其特点是固定资产投入使用的前期计提的折旧额多，以后逐期减少。这两种方法的区别如表7-1所示。

表7-1 双倍余额递减法与年数总和法的区别

项　目	双倍余额递减法	年数总和法
计算应计折旧总额是否考虑固定资产预计净残值	否	是
各年计提折旧时的计算基数	固定资产原值－截至计提时的累计折旧额	固定资产原值－预计净残值
各年计提折旧时适用的折旧率	按直线法计算的年折旧率×2	固定资产尚可使用的年数数字之和与其预计使用寿命年数数字之和的比值

通过表7-1的比较可以看出，在确定应计折旧总额时，双倍余额递减法与年数总和法一个考虑预计净残值而另一个不考虑。此外，采用双倍余额递减法计提折旧时，各年的计算基数是递减的，所适用的折旧率却始终不变；而采用年数总和法计提折旧，各年的计算基数始终不变，所适用的折旧率却逐年缩小。

3. 折旧的账务处理

固定资产折旧的账务处理相对简单，计提的折旧额一方面记入"累计折旧"账户，另一方面根据固定资产的用途将折旧额计入相关资产的成本或者当期损益。其会计分录如下：

借：在建工程（企业自行建造固定资产过程中使用的固定资产）

　　制造费用（基本生产车间所使用的固定资产）

　　管理费用（管理部门所使用的固定资产）

　　销售费用（销售部门所使用的固定资产）

　　其他业务成本（经营性租出的固定资产）

　　贷：累计折旧

（五）固定资产期末计价

固定资产期末计价是在会计期末对固定资产的再确认与计量，从会计核算角度看，主要是确认是否计提资产减值准备；如需计提减值准备，应进行相应的账务处理。

关于固定资产的期末计价，首先要明确计提固定资产减值准备的条件是固定资产的账面价值大于可收回金额（发生了减值）。其次，要准确理解固定资产账面价值、账面余额、净值等概念，明确它们之间的差别。

固定资产原价（原值）－累计折旧＝固定资产净值

固定资产净值－减值准备＝固定资产账面价值（净额）

计提固定资产减值准备的账务处理很简单。但需注意的是，计提资产减值准备后固定资产的账面价值随之减少，以后计提折旧时应以此为基础。

（六）固定资产的处置

（1）固定资产清理的范围包括：出售、报废或毁损、对外投资、非货币性资产交换、债务重组等方式处置固定资产。

（2）清理固定资产时会计核算的步骤依次为：固定资产转入清理的账务处理；发生清理费用的账务处理；出售收入和残料等的账务处理；保险赔偿的账务处理；清理净损失的账务处理。

（3）处置固定资产核算的主要账户是"固定资产清理"，此外还涉及"累计折旧""固定资产减值准备""应交税费""原材料""其他应收款""营业外支出""营业外收入"等账户。

应该注意的是：企业若将2009年1月1日以后购进或自制的且已使用过的不适用、不需用的机器设备类固定资产出售、对外投资或抵债等，应视同销售、按售价及 17% 的适用税率计算销项增值税；无法确定售价的，以固定资产净值作为销售额。因上述情况减少的机器设备，若属于 2008 年 12 月 31 日以前取得的，则按照 4% 的征收率减半征收增值税。

三、综合练习题

(一) 单项选择题

1. 企业购入需要安装的固定资产，不论采用何种安装方式，固定资产的全部安装工程成本（包括固定资产买价以及包装费、运杂费和安装费）的核算账户为（　　　）。

    A. "固定资产"　　　B. "在建工程"　　　C. "工程物资"　　　D. "长期投资"

2. 一项固定资产以 20 000 元价格转让出售，该固定资产已提折旧 25 000 元，出售时发生清理费用 1 000 元，获得净收益 4 000 元。不考虑出售时的相关税费，则该项固定资产的原值为（　　　）元。

    A. 40 000　　　　　B. 41 000　　　　　C. 39 000　　　　　D. 35 000

3. 某项固定资产的原值为 10 000 元，预计净残值 1 000 元，预计使用年限为 5 年，在采用年数总和法核算时，第二年的折旧额为（　　　）元。

    A. 2 000　　　　　　B. 2 400　　　　　C. 1 800　　　　　D. 1 600

4. 计提固定资产折旧时，可以先不考虑固定资产残值的方法是（　　　）。

    A. 平均年限法　　　B. 工作量法　　　C. 双倍余额递减法　　D. 年数总和法

5. 结转固定资产清理净损失，其借方登记的账户是（　　　）。

    A. "管理费用"　　　　　　　　　　B. "制造费用"

    C. "营业外支出"　　　　　　　　　D. "待处理财产损溢"

6. 在采用平均年限法计算固定资产折旧的四个因素中，可直接使用实际发生数而不需采用预计数的是（　　　）。

    A. 固定资产原值　　　　　　　　　B. 固定资产使用年限

    C. 固定资产残值收入　　　　　　　D. 固定资产清理费用

7. 企业自营建造固定资产工程完工后，盘盈的工程用料应编制如下会计分录（　　　）。

    A. 借：生产成本（红字）　　　　　B. 借：原材料

        贷：原材料（红字）　　　　　　　贷：在建工程——自营工程

    C. 借：在建工程——工程物资　　　D. 借：原材料

        贷：在建工程——自营工程　　　　贷：营业外收入

8. 非正常报废的固定资产，清理期间的核算账户是（　　　）。

    A. "待处理财产损溢"　　　　　　　B. "固定资产清理"

    C. "在建工程"　　　　　　　　　　D. "营业外支出"

9. 企业运输部门购入经营用卡车一辆，增值税专用发票上注明货款 300 000 元，增值税

51 000 元，款项已付。设备已交付使用。此项业务正确的会计分录为（　　　）。

A. 借：库存商品　　　　　　　　　　　　　　　　　300 000

　　　应交税费——应交增值税（进项税额）　　　　 51 000

　　　　　贷：银行存款　　　　　　　　　　　　　　　 351 000

B. 借：固定资产　　　　　　　　　　　　　　　　　300 000

　　　应交税费——应交增值税（进项税额）　　　　 51 000

　　　　　贷：银行存款　　　　　　　　　　　　　　　 351 000

C. 借：在建工程　　　　　　　　　　　　　　　　　300 000

　　　应交税费——应交增值税（进项税额）　　　　 51 000

　　　　　贷：银行存款　　　　　　　　　　　　　　　 351 000

D. 借：固定资产　　　　　　　　　　　　　　　　　351 000

　　　　　贷：银行存款　　　　　　　　　　　　　　　 351 000

10. 确认固定资产的条件之一是与该固定资产有关的经济利益是否很可能流入企业，这主要是判断与该固定资产所有权有关的（　　　）是否转移到了企业。

A. 风险　　　　　B. 收益　　　　　C. 风险和报酬　　　　D. 风险或报酬

11. 通常，判断与固定资产有关的风险和报酬转移到企业的一个重要标志是（　　　）。

A. 购置的固定资产已投入使用　　　　B. 建造的固定资产已竣工验收

C. 固定资产已清理完毕　　　　　　　D. 取得固定资产的所有权

12. 下列固定资产中，不应计提折旧的是（　　　）。

A. 非生产经营用固定资产　　　　　　B. 单独计价入账的土地

C. 不需用固定资产　　　　　　　　　D. 融资租入固定资产

13. 固定资产原价减去累计折旧和减值准备后的金额称为（　　　）。

A. 固定资产净值　　　　　　　　　　B. 固定资产账面价值

C. 固定资产账面余额　　　　　　　　D. 固定资产现值

14. 期末企业的固定资产应按照（　　　）计量。

A. 固定资产账面价值与净值孰低

B. 固定资产账面价值与账面余额孰低

C. 固定资产账面价值与可收回金额孰低

D. 固定资产账面价值与公允价值孰低

（二）多项选择题

1. 下列各选项中，影响固定资产账面价值的有（　　　）。

A. 累计折旧　　　　　　　　　　　　B. 固定资产减值准备

C. 固定资产原值　　　　　　　　　　D. 固定资产清理费用

E.（一般纳税人）购进固定资产发生的增值税

2. 企业固定资产增加的来源渠道有（　　　）。

 A. 外购的固定资产   B. 自行建造的固定资产

 C. 投资转入的固定资产   D. 接受捐赠的固定资产

 E. 经营性租入的固定资产以及盘盈的固定资产

3. 企业分期计提折旧时，应考虑的因素包括（　　　）。

 A. 固定资产原值   B. 固定资产应计提折旧总额

 C. 固定资产预计使用年限   D. 固定资产预计工作总量

 E. 固定资产折余价值

4. 下列固定资产中，应计提折旧的有（　　　）。

 A. 房屋及建筑物   B. 未提足折旧提前报废的固定资产

 C. 专用的机器设备   D. 接受投资转入的固定资产

 E. 以经营方式租入的固定资产

5. 下列固定资产中，不应计提折旧的有（　　　）。

 A. 未使用和不需用的房屋及建筑物 B. 季节性停用的机器设备

 C. 大修理停用的机器设备   D. 单独计价入账的土地

 E. 已提足折旧仍继续使用的机器设备

6. 下列业务中应通过"固定资产清理"账户核算的是（　　　）。

 A. 出售固定资产   B. 固定资产报废

 C. 固定资产改扩建   D. 固定资产毁损

 E. 固定资产盘盈、盘亏

7. 应计提折旧的固定资产包括（　　　）。

 A. 非生产经营用固定资产   B. 经营性租出固定资产

 C. 不需用固定资产   D. 融资租入固定资产

 E. 单独计价入账的土地

8. 处理固定资产盘盈、盘亏的正确做法是（　　　）。

 A. 盘亏造成的损失，通过"营业外支出——盘亏损失"账户核算

 B. 企业在财产清查中发现的盘盈的固定资产通过"营业外收入——盘盈收益"账户核算

 C. 企业在财产清查中发现的盘盈的固定资产，通过"以前年度损益调整"账户核算

 D. 企业在财产清查中发现的盘亏的固定资产，通过"待处理财产损溢——待处理固定资产损溢"账户核算

 E. 企业在财产清查中盘盈或盘亏的固定资产，均通过"待处理财产损溢——待处理固定资产损溢"账户核算

（三）简答题

1. 什么是固定资产？如何确认？

2. 固定资产应如何分类？

3. 计提固定资产折旧通常有哪几种方法？各有什么优缺点？

4. 什么叫固定资产减值？期末可收回金额如何确定？

5. 什么是固定资产后续支出？如何处理？

（四）业务题

习题一

1. 目的：练习固定资产购入的核算。

2. 资料：A 公司为一般纳税人，2014 年 9 月发生如下业务：

（1）购入一台需要安装的设备，购入时发票价格 200 000 元、增值税进项税额 34 000 元，运费 8 500 元。

（2）该设备新发生的安装成本 15 000 元，其中：领用生产材料计划成本 9 000 元，应分摊的材料成本差异 1 000 元（借差）；其他费用以银行存款支付。

（3）上述设备安装完成并交付使用。

3. 要求：根据上述业务编制会计分录。

习题二

1. 目的：练习固定资产减值准备的计提。

2. 资料：甲企业 2013 年年末固定资产原值为 6 489 000 元，累计折旧 3 214 800 元，“固定资产减值准备”账户的余额为 6 000 元。这些固定资产的可收回金额为 3 180 000 元。

3. 要求：计算甲企业 2013 年年末应计提的固定资产减值准备，并编制有关会计分录。

习题三

1. 目的：练习固定资产折旧的核算。

2. 资料：某企业进口一条生产线，安装完毕后，固定资产原值为 400 000 元，预计使用年限 5 年，预计净残值 16 400 元。

3. 要求：按照双倍余额递减法和年数总和法，分别计算该项固定资产每年的折旧额。

习题四

1. 目的：练习固定资产清理的核算。

2. 资料：某企业报废一台机器设备，原价 900 000 元，已提折旧 800 000 元；发生清理费用 50 000 元；出售残值收入 180 000 元。

3. 要求：根据上述业务编制会计分录。

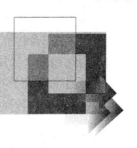

第八章
投资性房地产与无形资产

一、内容提要

投资性房地产和无形资产是企业长期资产的重要内容。其中，投资性房地产是根据《企业会计准则第3号——投资性房地产》（2006）新增的内容。在此之前，它一直合并在固定资产中核算。

关于投资性房地产，本章内容包括投资性房地产的确认、计量及投资性房地产用途转换与处置等方面。学习时，首先应理解投资性房地产的概念及其与其他房地产的区别，其次要掌握投资性房地产的计量（尤其是后续计量）、投资性房地产的用途转换，在此基础上，掌握投资性房地产的会计处理。

关于无形资产，本章介绍了无形资产的内容与分类、无形资产的计量以及无形资产取得、摊销、出租出售和期末计价的核算。应重点掌握无形资产的核算方法，其中采用现值计价模式核算外购无形资产成本和无形资产的期末计价是两个相对比较复杂的问题。

二、重点、难点问题解析

（一）投资性房地产的确认

1. 投资性房地产的概念与范围

投资性房地产是指为赚取租金或资本增值，或者两者兼有而持有的房地产。其主要形式是出租建筑物、出租土地使用权，另一种形式是持有且拟增值后转让的土地使用权。

投资性房地产的范围限定为：已出租的土地使用权，持有且拟增值后转让的土地使用权，已出租的建筑物。

但以下两种情形除外：

（1）以经营租赁方式租入土地使用权再转租的。

（2）按照国家有关规定被认定为闲置土地的土地使用权。

2. 投资性房地产与自用房地产或作为存货的房地产的区别

（1）持有目的不同。企业持有投资性房地产是为了赚取租金或资本增值，或两者兼而有之。自用房地产是指为生产商品、提供劳务或者经营管理而持有的房地产，如企业生产经营用的厂房和办公楼等，持有目的是为了给生产经营提供必要场所；企业持有作为存货的房地产，则是为了将来像出售普通商品一样获利。

（2）适用会计准则不同。投资性房地产适用《企业会计准则第3号——投资性房地产》，自用房地产适用《企业会计准则第4号——固定资产》，作为存货的房地产则适用《企业会计准则第1号——存货》。

（3）由于前述两点区别，三种房地产的会计核算方法与管理要求均有差异。

（二）投资性房地产的计量

1. 投资性房地产的初始计量

《企业会计准则第3号——投资性房地产》规定，投资性房地产应当按照实际成本进行初始计量，这与其他资产的初始计量原则一致。这里应重点掌握以下几个问题：

（1）外购投资性房地产的初始计量。外购土地使用权和建筑物，应当按照取得时的实际成本进行初始计量，其成本包括：① 购买价款；② 相关税费（不含抵扣的进项增值税，下同）；③ 可直接归属于该资产的其他支出。

企业购入的房地产，部分用于出租（或资本增值）、部分自用，用于出租（或资本增值）的部分应当予以单独确认的，应按照不同部分的公允价值占公允价值总额的比例将成本在不同部分之间进行合理分配。

（2）自行建造投资性房地产的初始计量。自行建造采用成本模式计量的投资性房地产，其成本由建造该项资产达到预定可使用状态前发生的必要支出构成，包括：① 土地开发费；② 建安成本；③ 应予以资本化的借款费用；④ 支付的其他费用和分摊的间接费用等。

2. 投资性房地产的后续计量

（1）根据现行会计准则的规定，企业应当在资产负债表日采用成本模式对投资性房地产进行后续计量，但有确凿证据表明投资性房地产的公允价值能够持续可靠取得的，可以采用公允价值模式进行后续计量。

同一企业只能采用一种模式对所有投资性房地产进行后续计量，不得同时采用两种计量模式。

（2）采用成本模式进行后续计量的投资性房地产，应当按照固定资产（对建筑物而言）或无形资产（对土地使用权而言）的有关规定，按期（月）计提折旧或摊销。期末，投资性房地产存在减值迹象、经减值测试后确认发生减值的，应当计提减值准备；已经计提减值准备的投资性房地产，其价值在以后会计期间得以恢复时，原已计提的减值准备不得转回。

（3）采用公允价值模式计量的，不对投资性房地产计提折旧或进行摊销，应当以资产负债表日投资性房地产的公允价值为基础调整其账面价值，公允价值与原账面价值之间的差额计入当期损益（公允价值变动收益）。

（4）企业对投资性房地产的计量模式一经确定，不得随意变更。成本模式转换为公允价值模式的，应当作为会计政策变更处理；已采用公允价值模式计量的投资性房地产，不得再转为成本模式。

（三）投资性房地产的核算账户

投资性房地产的核算账户主要包括"投资性房地产""投资性房地产累计折旧（摊销）""投资性房地产减值准备"，其账户性质、结构、用法与固定资产核算中的相关账户相同。采用公允价值模式进行后续计量的，还涉及"公允价值变动损益"账户。

（四）投资性房地产的用途转换

投资性房地产的用途转换是指因房地产用途发生改变而对房地产进行的重新分类，包括企业将原来自用的房地产转为投资性房地产，或将投资性房地产转为自用房地产两种情况。相关会计核算应注意三点：一是转换证据，二是转换日的确定，三是转换时初始成本的确定。

1. 转换证据

企业必须要有确凿证据表明房地产用途发生改变，会计上才能将投资性房地产转换为非投资性房地产，或者将非投资性房地产转换为投资性房地产核算。这里的确凿证据包括两个方面：一是企业管理当局做出改变房地产用途决议所形成的正式书面文件，二是房地产因用途改变而发生实际状态上的改变，如从自用状态转为出租状态，或者相反。

2. 转换日的确定

转换日是指房地产的用途发生改变、状态相应发生改变的日期。转换日的确定非常重要，因为这关系到资产的确认时点与入账价值。根据规定：① 投资性房地产开始自用，转换日是指房地产达到自用状态，企业开始将房地产用于生产商品、提供劳务或经营管理的日期。② 作为存货的房地产改为出租，或将自用建筑物或土地使用权改为出租，转换日即为租赁期开始日。③ 自用土地停止自用、改为用于增值目的，转换日是指企业停止自用且管理当局作出转换决议的日期。

3. 企业将原自用房地产转换为投资性房地产的会计处理

企业将原自用房地产转换为投资性房地产的会计处理包括：企业将原本用于生产产品、提供劳务或者经营管理的房地产改用于出租，房地产开发企业将其持有的开发商品房以经营租赁方式出租等。转换时的会计处理，取决于转换后投资性房地产采用何种后续计量模式。具体如表 8 - 1 所示。

表 8 - 1 自用房地产转换为投资性房地产的会计处理

核　算	转换后采用成本模式计量	转换后采用公允价值模式计量
转换时投资性房地产的初始成本	转换日自用房地产的账面价值	转换日该项资产的公允价值

续表

核　算	转换后采用成本模式计量	转换后采用公允价值模式计量
转换时的会计处理	将自用房地产原账面记录全部结转至投资性房地产的有关账户即可。例如： （1）房地产开发企业将其持有的开发产品以经营租赁的方式出租，原来的存货即转换为投资性房地产。转换日为房地产的租赁期开始日。账务处理为： 借：投资性房地产 　　存货跌价准备 　　贷：开发产品 （2）将自用房地产转换为出租，转换日为房地产的租赁期开始日。账务处理为： 借：投资性房地产 　　累计折旧（或累计摊销） 　　固定资产减值准备（或无形资产减值准备） 　　贷：固定资产（或无形资产） 　　　投资性房地产累计折旧 　　　投资性房地产减值准备	投资性房地产用公允价值记账，同时注销原自用房地产的账面价值，两者的差额按以下原则处理：① 转换日公允价值大于原账面价值的，差额先计入其他综合收益；待该投资性房地产处置时，再从资本公积转出、计入当期损益。② 如果转换日的公允价值小于原账面价值，差额直接计入当期损益（公允价值变动损失）。 例如：企业将自用房地产改为出租，转换日房地产的公允价值大于原账面价值，账务处理为： 借：投资性房地产 　　累计折旧（或累计摊销） 　　固定资产减值准备（或无形资产减值准备） 　　贷：固定资产（或无形资产） 　　　投资性房地产累计折旧 　　　投资性房地产减值准备 　　　其他综合收益 若转换日房地产的公允价值小于原账面价值，上项会计分录应改为： 将自用房地产改为出租，转换日为房地产的租赁期开始日。账务处理为： 借：投资性房地产 　　累计折旧（或累计摊销） 　　固定资产减值准备（或无形资产减值准备） 　　公允价值变动损益 　　贷：固定资产（或无形资产） 　　　投资性房地产累计折旧 　　　投资性房地产减值准备
转换后的会计处理	对投资性房地产计提折旧或摊销；发生减值的，还应核算减值损失	期末公允价值与期初公允价值的差额，直接计入当期损益

4. 投资性房地产转换为自用房地产

投资性房地产转换为自用房地产的关键也是确定转换日房地产的账面价值，这是转换后自用房地产计提折旧或摊销、核算减值等的依据。转换前后，投资性房地产后续计量采用的模式不同，转换日该项资产的账面价值及其会计处理也各异。

（1）转换前投资性房地产采用成本模式进行后续计量。在这种情况下，转换日投资性房地产的账面价值就是转换后自用房地产的账面价值。会计上只需将投资性房地产的实际成本、累计折旧或累计摊销以及相应的减值准备结转至固定资产或无形资产相应账户即可。

（2）转换前投资性房地产采用公允价值模式进行后续计量。在这种情况下，转换日投资性房地产的公允价值就是转换后自用房地产的账面价值，之后，自用房地产以此为依据计提折旧与摊销等。转换日资产公允价值与转换前账面价值（即上期末的公允价值）的差额，作为公允价值变动损益计入当期利润表。

（五）无形资产的概念、种类与计量

1. 无形资产的概念

无形资产是指企业拥有或者控制的没有实物形态的可辨认的非货币性资产。

2. 无形资产的种类

无形资产通常包括专利权、非专利技术、商标权、著作权、特许权、土地使用权等。

3. 无形资产的计量

无形资产的计量包括初始计量和后续计量两个环节。

（1）初始计量。无形资产通常是按照实际成本计量，即以取得无形资产并使之达到预定用途而发生的全部支出作为无形资产的成本。"营改增"后，无形资产增加所发生的可抵扣进项增值税，不计入无形资产成本。无形资产达到预定用途后所发生的支出，不构成无形资产的成本。

内部研发活动形成的无形资产成本，由可直接归属于该资产的创造、生产并使该资产能够以管理层预定的方式运作的必要支出组成，但仅限于在满足资本化条件的时点至无形资产达到预定用途前发生的支出总和。对于同一项无形资产在开发过程中达到资本化条件之前已经费用化而计入当期损益的支出，不再调整计入无形资产成本。

（2）后续计量。无形资产初始确认和计量后，在其后使用该项无形资产期间内应以成本减去累计摊销和累计减值损失后的余额计量。但需要注意的是，只有使用寿命有限的无形资产才需要在估计的使用寿命内进行摊销，使用寿命不确定的无形资产不需要摊销。

企业至少应当于每年年度终了时对无形资产的使用寿命进行复核。如果有证据表明无形资产的使用寿命发生了变化，企业应改变其摊销年限并按会计估计变更处理；如果有证据表明原来使用寿命不确定的无形资产变为使用寿命有限，则应当按照会计估计变更处理，同时按照使用寿命有限的无形资产进行核算（如计提摊销等）。

（六）外购无形资产的核算

外购无形资产的成本包括购买价款、相关税费以及直接归属于使该项资产达到预定用途所发生的其他支出。需要特别注意的是，如果购买无形资产的付款期限在 3 年以上，则实际上已具有了融资性质，因此所支付的价款必须考虑货币的时间价值，要采用现值计价模式确定无形资产的购置成本（把将来分期支付的款项按照一定的利率折算为现值）。这是无形资产取得核算的一个难点。

突破这一难点的关键是掌握现值的计算方法和对未确认融资费用的理解以及各年未确认

融资费用的分摊。以主教材第八章中的【例 8 - 6】为例，A 公司向 B 公司以分期付款方式购买一项价值 600 万元的商标权，每年年末支付 200 万元，分三年付清。

（1）折算为现值。由于是分三年付款，因此总价 600 万元中实际上包含了延期付款的利息（融资费用）。按照银行同期贷款利率 10% 折算，这笔三年期、每年年末支付 200 万元、合计 600 万元的款项也就等于购入的 497.38 万元（即现值）。换句话说，如果以一次付现方式购入该项商标权，只需支付 497.38 万元。由于是分三年（次）支付，按照 10% 的利率把利息算进来（当然是复利），所以才需要支付 600 万元。

（2）未确认融资费用的性质及其分摊。未确认融资费用是分期付款外购无形资产总价款与其现值金额间的差额，其实质是因延期付款而多支付的利息。上述【例 8 - 6】中，未确认融资费用总额为 102.62 万元（6 000 000 - 4 973 800）。

无形资产按照现值入账，其未确认融资费用总额应采用实际利率法按付款期分摊，每期分摊的金额在每次付款时作为当期财务费用处理。主教材【例 8 - 6】中，未确认融资费用的分摊如表 8 - 2 所示。

表 8 - 2　未确认融资费用分摊表

单位：元

期　　数	各期付款 (1)	分摊融资费用 (2) = 上期(4) × 10%	支付本金 (3) = (1) - (2)	摊余成本 (4) = 上期(4) - 本期(3)
				4 973 800
1	2 000 000	497 380	1 502 620	3 471 180
2	2 000 000	347 118	1 652 882	1 818 298
3	2 000 000	181 702	1 818 298	0
合计	6 000 000	1 026 200	4 973 800	

（七）无形资产摊销

（1）使用寿命有限的无形资产，应在其预计的使用寿命内采用系统合理的方法对应摊销金额（即无形资产成本扣除残值后的金额）进行摊销。

（2）无形资产的摊销期自其可使用时（即达到预定用途）开始至终止确认时止。摊销的方法包括直线法、生产总量法等。

（3）无形资产的摊销一般应计入当期损益。但如果某项无形资产是专门用于生产某种产品的，则其摊销额应计入该产品的生产成本。

（4）无形资产的残值一般为零。

（八）无形资产的期末计价

期末，如果无形资产出现减值迹象，企业应估计该项无形资产的期末可收回金额，并将其低于期末账面价值的差额，作为无形资产减值损失处理。会计分录为：

借：资产减值损失——无形资产减值损失

贷：无形资产减值准备

使用寿命有限的无形资产计提减值准备后，应按账面价值作为以后各期计算摊销额的新基础。

三、综合练习题

（一）单项选择题

1. 企业为赚取租金或资本增值，或者两者兼有而持有的房地产，称为（　　）。
   A. 作为存货的房地产
   B. 经营性房地产
   C. 投资性房地产
   D. 自用房地产

2. 投资性房地产的主要形式是（　　）。
   A. 购买建筑物与土地使用权
   B. 出租建筑物与土地使用权
   C. 转让建筑物与土地使用权
   D. 自用建筑物与土地使用权

3. 下列土地使用权可作为投资性房地产的（　　）。
   A. 持有且拟增值后转让的土地使用权
   B. 持有且拟用于建造生产车间的土地使用权
   C. 持有且拟用于房地产开发的土地使用权
   D. 持有且拟用于建造职工宿舍的土地使用权

4. 企业生产经营用的土地使用权属于（　　）。
   A. 作为存货的房地产
   B. 出租房地产
   C. 投资性房地产
   D. 自用房地产

5. 房地产开发企业在正常经营过程中销售的或为销售而正在开发的商品房和土地属于（　　）。
   A. 投资性房地产
   B. 经营性房地产
   C. 作为存货的房地产
   D. 自用房地产

6. 采用公允价值模式进行后续计量的投资性房地产，正确的会计处理方法是（　　）。
   A. 应计提折旧或摊销
   B. 不计提折旧但应进行摊销
   C. 不计提折旧或摊销，但应进行减值测试并计提减值准备
   D. 不计提折旧或摊销，应以资产负债表日的公允价值计量

7. 无形资产是指企业拥有或者控制的没有实物形态的（　　）。
   A. 可辨认的货币性资产
   B. 可辨认的非货币性资产
   C. 不可辨认的货币性资产
   D. 不可辨认的非货币性资产

8. 无形资产的初始计量一般采用（　　　）。

    A. 实际成本　　　　　　B. 公允价值　　　　　　C. 现值　　　　　　D. 可收回金额

9. 无形资产的账面价值等于成本（　　　）。

    A. 加上累计摊销　　　　　　　　　　　　　B. 减去累计摊销

    C. 加上累计摊销和累计减值损失　　　　　　D. 减去累计摊销和累计减值损失

10. 下列无形资产中不需要摊销的是（　　　）。

    A. 使用寿命有限的无形资产　　　　　　B. 使用寿命不确定的无形资产

    C. 使用寿命长于 3 年的无形资产　　　　D. 使用寿命短于 10 年的无形资产

11. 采用分期付款方式购买的无形资产，其初始入账金额为（　　　）。

    A. 购买价款与应计利息之和　　　　　　B. 购买价款的现值

    C. 购买价款与相关税费之和　　　　　　D. 合同规定的付款总额

12. 无形资产的残值一般（　　　）。

    A. 为 0　　　　　　B. 按 3% 预计　　　　　　C. 按 5% 预计　　　　　　D. 按 10% 预计

（二）多项选择题

1. 投资性房地产的形式包括（　　　）。

    A. 出租建筑物

    B. 出租土地使用权

    C. 持有且拟用于房地产开发的土地使用权

    D. 持有且拟用于建造生产车间的土地使用权

    E. 持有且拟增值后转让的土地使用权

2. 投资性房地产的范围限定为（　　　）。

    A. 拟出租的建筑物　　　　　　　　　　B. 拟出租的土地使用权

    C. 已出租的土地使用权　　　　　　　　D. 已出租的建筑物

    E. 持有且拟增值后转让的土地使用权

3. 企业如有确凿证据表明房地产用途发生改变，可以将投资性房地产转换为非投资性房地产，或将非投资性房地产转换为投资性房地产，具体包括（　　　）。

    A. 出租的建筑物收回自用

    B. 作为存货的房地产改为出租

    C. 出租的土地使用权收回且拟增值后转让

    D. 自用土地使用权停止自用，改用于资本增值

    E. 自用建筑物或土地使用权停止自用改为出租

4. 无形资产通常包括（　　　）。

    A. 专利权　　　　　　B. 非专利技术　　　　　　C. 商标权　　　　　　D. 著作权

    E. 土地使用权

5. 外购无形资产的成本包括（　　　）。

　　A. 购买价款

　　B. 相关税费

　　C. 为引入新产品进行宣传发生的广告费、管理费用

　　D. 直接归属于该项资产达到预定用途前所发生的其他支出

　　E. 在无形资产达到预定用途以后发生的费用

（三）简答题

1. 什么是投资性房地产？具体包括哪些内容？

2. 投资性房地产与自用房地产及作为存货的房地产有何区别？

3. 投资性房地产的后续计量模式有哪几种？各有什么特点？

4. 简述无形资产的概念及其特征。

5. 无形资产如何计量？

6. 无形资产摊销与固定资产折旧有何区别？

（四）业务题

习题一

1. 目的：练习外购投资性房地产的核算。

2. 资料：2015 年 3 月，甲企业计划购入一栋写字楼用于对外出租。3 月 15 日，甲企业与乙企业签订了经营租赁合同，约定自写字楼购买日起将这栋写字楼出租给乙企业，为期 5 年。4 月 1 日，甲企业实际购入写字楼，支付价款共计 15 000 万元，不考虑增值税等其他因素。

3. 要求：按成本计量模式编制有关会计分录。

习题二

1. 目的：练习投资性房地产后续计量的核算。

2. 资料：年初甲企业将一栋办公楼出租给乙企业，已确认为投资性房地产并采用成本模式进行后续计量。该办公楼成本为 1 800 万元，按照直线法计提折旧，使用寿命为 30 年，预计净残值为零，已计提折旧 240 万元。按照经营租赁合同约定，乙企业每月支付甲企业租金 8 万元。当年 12 月，该办公楼发生减值迹象，经减值测试，其可收回金额为 1 200 万元；以前未计提减值准备。不考虑增值税等其他因素。

3. 要求：按成本计量模式编制有关会计分录。

习题三

1. 目的：练习投资性房地产处置的核算。

2. 资料：甲企业为一家房地产开发企业，2013年3月10日，甲企业与乙企业签订租赁协议，将其开发建造的一栋写字楼出租给乙企业使用，租期一年，租赁期开始日为2013年4月15日。2013年4月15日，该写字楼的账面余额45 000万元，公允价值47 000万元。2013年12月31日，该项房产的公允价值为48 000万元。2014年5月15日租赁期届满，甲企业收回该项房产并以55 000万元出售，款项已收妥并存入银行。不考虑增值税等其他因素。

3. 要求：按公允价值模式编制甲企业对上项房产核算的全部会计分录。

习题四

1. 目的：练习内部研究开发形成的无形资产的核算。

2. 资料：某企业自行研究开发一项新产品专利技术，在研究开发过程中发生材料费4 000万元、人工工资1 000万元，以及其他费用3 000万元，总计8 000万元，其中符合资本化条件的支出为5 000万元。期末，该项专利技术已经达到预定用途。

3. 要求：编制相关业务的会计分录。

习题五

1. 目的：练习外购无形资产取得和摊销的核算。

2. 资料：某企业从外单位购得一项商标，价款200万元已用银行存款支付（不考虑相关税费）。该专利权的使用寿命为10年，净残值为零，按直线法摊销。

3. 要求：编制取得无形资产和按年摊销的会计分录。

习题六

1. 目的：练习无形资产处置的核算。

2. 资料：某企业将拥有的一项非专利技术出售，取得收入500万元，不考虑相关税费。该非专利技术的账面余额为800万元，累计摊销额为80万元，已计提的减值准备为120万元。

3. 要求：编制相关业务的会计分录。

第九章
流动负债

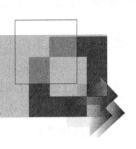

一、内容提要

流动负债的内容较多，主要因企业日常的生产经营活动而产生，如应付账款、应付票据、预收账款以及应交流转税，与存货的购销紧密联系。本章应结合前面第三章（应收及预付款项）、第四章（存货）的相关内容进行学习，因为前面内容是阐释债权人的核算，本章则说明债务人的核算，两者有相同之处。通过对照学习，既可加深理解，帮助消化，同时又能提高学习效率。

二、重点、难点问题解析

（一）带息应付票据的核算

作为短期应付票据，它是企业根据延期付款的商品交易，并采用商业汇票结算方式而产生的一种债务。按承兑人的不同，应付票据可分为商业承兑汇票与银行承兑汇票两种；按票面是否注明利率，又可分为带息票据与不带息票据两种。不管哪种应付票据，会计上都应核算其开出或承兑以及到期偿还的情况。属于带息票据的，应注意应付利息的核算。对此，会计上有两种做法：一种是按期预提，另一种是于票据到期付款时，将全部应付利息直接计入当期财务费用。实务中，在应付票据存续期间内何时计算应付利息并入账，由企业自行决定；但在中期期末和年度终了这两个时点上，企业必须确认带息票据的应付利息，以正确反映本期负债与损益。

（二）附现金折扣的应付账款的核算

应付账款的入账金额因进货是否附现金折扣而异。购货方附现金折扣购入商品时，应付账款的核算有总价法、净价法两种。总价法在应付账款发生时，直接按发票上的应付金额总额记账，现金折扣在付款时才予确认；如果在折扣期内付款，少付的金额作为理财收益处理。净价法则不然，它将现金折扣视为每一购货企业在正常经营情况下均能获得的一种收益，因此，应付账款发生时，它要求按发票金额扣除（最大的）现金折扣后的净额记账；如果企业未能在规定的折扣期内付款，则丧失的现金折扣作为理财费用处理。由于总价法核算比较简单且符合稳健性原则，所以我国实务中要求采用这种方法。

（三）应付职工薪酬

2014 年我国对 2006 年发布的《企业会计准则第 9 号——职工薪酬》进行了修改，本版教材根据修改后的内容进行阐释。

职工薪酬是企业为获得职工提供的服务或解除劳动关系而给予职工的各种形式的报酬或补偿。职工薪酬之所以构成企业的一项负债，是因为企业支付职工薪酬的日期与资产负债表日期不一致。实务中，职工本期的薪酬往往在下期期初支付，在尚未支付之前，应付未付的职工薪酬构成企业对职工的一项流动负债。

1. 职工薪酬的内容

职工薪酬的内容具体包括短期薪酬、离职后福利、辞退福利和其他长期职工福利。企业提供给职工配偶、子女、赡养人、已故员工遗属及其他受益人等的福利，也属于职工薪酬。

（1）短期薪酬。短期薪酬主要包括：① 职工工资、奖金、津贴与补贴；② 职工福利费；③ 医疗保险费、养老保险费、失业保险费、工伤保险费和生育保险费等社会保险费；④ 住房公积金；⑤ 工会经费与职工教育经费；⑥ 短期带薪缺勤；⑦ 短期利润分享计划；⑧ 非货币性福利；⑨ 其他短期薪酬。

（2）离职后福利。离职后福利是指企业为获得职工提供的服务而在职工退休或与企业解除劳动关系后所提供的各种形式的报酬和福利，如基本养老保险、补充养老保险费以及企业以购买商业保险形式提供给职工的各种保险待遇，也属于职工薪酬的内容。短期薪酬与辞退福利除外。

（3）辞退福利。辞退福利是指企业由于实施主辅分离改制、实施重组、改组计划或职工不能胜任等原因，在职工劳动合同尚未到期之前解除与职工的劳动关系，或者为鼓励职工自愿接受裁减而给予的补偿。

（4）其他长期职工福利。其他长期职工福利是指上述短期薪酬、离职后福利、辞退福利以外所有的职工薪酬，包括长期带薪缺勤、长期残疾福利、长期利润分享计划等。

2. 应付职工薪酬的计量

职工薪酬内容复杂，其计量应分别处理。

（1）短期薪酬的计量。短期薪酬内容较多，除非货币性薪酬外，其他各项一般都需采用货币支付结算。就货币性薪酬而言，凡国家或企业规定了计提基础和计提比例的，企业可据此计算确定应付职工薪酬的金额，如各项社会保险费、职工福利费、工会经费和职工教育经费；否则，由企业根据历史经验数据和自身实际情况，计算确定应付金额。至于非货币性职工薪酬，如企业以自产产品作为非货币性福利提供给职工的，按照该产品的公允价值和视同销售计算的相关税费计量；将拥有的房屋、汽车等资产无偿提供给职工使用的，按这些资产每期计提的折旧费计量；租赁资产提供给职工的，每期资产的租赁费即为当期该非货币性薪酬的金额。

（2）离职后福利的计量。离职后福利在实务中常称为职工养老金计划，具体分为"设定提存计划"与"设定受益计划"两种情况。就"设定提存计划"而言，企业应按国家或企业年金计划规定的基准与比例计算职工薪酬，定期向社会保险机构或年金管理人支付。采用"设定受益计划"的，需采用贴现的方法并进行相关精算后，企业才能确定职工在职服务期间各期需要缴纳的保险费，据此计量职工薪酬。后者因计算复杂，难度大，这里不予展开。应重点掌握"设定提存计划"下职工薪酬的计量。

（3）辞退福利的计量。辞退福利的计量包括两种情况：一是对于职工没有选择权的辞退计划，应根据计划条款规定拟解除劳动关系的职工数量、每一职位的辞退补偿等计提应付职工薪酬的金额；二是对于自愿接受裁减的建议，由于接受裁减的职工数量具有不确定性，应当按照或有事项的相关规定，预计将会接受裁减建议的职工数量，并根据预计的职工数量和每一职位的辞退补偿等计提应付职工薪酬的金额。

3. 应付职工薪酬的列支

职工薪酬属于企业的支出，除辞退福利一律计入管理费用外，会计上对各期支付的金额，应根据职工提供劳务的受益对象，分别计入有关成本费用。具体来说：进行产品生产或提供劳务的职工，其薪酬计入产品或劳务成本；从事在建工程或进行无形资产研发的职工，在符合资本化条件的情况下，其薪酬计入固定资产或无形资产成本；除上述以外的职工薪酬，作为期间费用计入当期损益。需要注意的是，各项职工薪酬中，只有工资、奖金、津贴与补贴以及辞退福利支付给职工个人，其他则缴付给相应的经办机构或管理机构，或留在企业统一使用。

（四）应交增值税的核算

增值税属于价外税是我国流转税中的一个主要税种。这是因为：第一，增值税的计征范围广，从课税对象看，涉及销售货物、进口货物、提供加工及修理和修配劳务；从纳税义务人看，凡经营应税货物、应税劳务的单位或个人，都应按照规定交纳增值税。第二，增值税征收金额大。据了解，国家每年征收的增值税超过税收总额的一半。

增值税的会计核算因纳税人种类不同而异。这里，应先区分一般纳税人与小规模纳税人。在此基础上，掌握两者会计核算的特点，并据此进行相应的账务处理。小规模纳税人会计核算比较简单：购进货物或接受应税劳务不论是否取得专用发票，所发生的进项税额一律计入货物或劳务的成本，不能抵扣；销售货物或提供应税劳务按不含税的价款及规定的征收率计算销项税额，并定期上缴税务机关。从2009年1月1日起，小规模纳税人增值税的征收率一律为3%。下面重点总结一般纳税人应交增值税的会计核算。具体内容如下：

（1）购进货物（或接受应税劳务，下同）以取得的增值税专用发票（或其他合法的扣税凭证）为依据，不含税的价款计入购进货物的成本，发生的增值税作为进项税额单独核算，记入"应交税费——应交增值税"明细账户借方的"进项税额"专栏。

（2）销售货物（或提供应税劳务，下同）以企业自己开具的增值税专用发票为依据，不含税的价款作为销售收入，向对方收取的增值税作为销售税额单独核算，记入"应交税费——应交增值税"明细账户贷方的"销项税额"专栏。

（3）固定资产增值税的处理。从2009年1月1日起，我国改用消费型增值税，企业购进、自制、接受投资、非货币性交换或通过债务重组受让机器、设备类固定资产发生的增值税准予抵扣，不再计入固定资产成本。企业若将这些固定资产对外投资、抵债、捐赠或进行非货币性交换以及出售等，应视同销售按照售价及适用税率 17% 计算销项增值税；无法确定售价的，以净值作为销售额。因上述情况减少的机器设备，若属于 2008 年 12 月 31 日以前取得的，则按照 4% 的适用税率减半计算交纳增值税。

（4）视同销售的货物应按售价而非成本价计算销项增值税，并开具增值税专用发票，所交增值税同样记入"应交税费——应交增值税"明细账户贷方的"销项税额"专栏，销项增值税有的随货物成本一起计入相关的成本、费用。

（5）按照规定不予抵扣的进项增值税应计入购进货物的成本；生产、储存环节应税货物发生损失时，相应的进项增值税记入"应交税费——应交增值税"明细账户贷方的"进项税额转出"专栏，与货物的成本一起作为损失处理。

（6）交纳增值税。增值税一般按月交纳，且在月终后 10 天内上交，一般纳税企业当期确认的销项税额扣除当期可予抵扣的进项税额后的余额，即为当期应上交的增值税。需要注意的是"当期可予抵扣的进项税额"必须严格执行增值税相关法规的规定，这与会计上当期核算的进项税额有差异。当期核算但不可在当期抵扣的进项税额，留待以后会计期间抵扣，称为"待抵扣进项税额"，具体表现为"应交税费——应交增值税"明细账户的借方余额。实务中，企业一般编制增值税纳税申报表，据此交纳增值税。

（五）应交消费税的核算

应交消费税的核算应重点掌握以下三点：

（1）我国只对生产、委托加工及进口应税消费品征收消费税。这意味着：消费税的课税对象并非所有货物，它只涉及部分货物，具体由消费税的实施细则详细规定；消费税也并非在应税货物的所有环节征收，只在其生产、委托加工或进口环节征收。除金银首饰外，流通环节不征消费税。

（2）消费税的计算包括从价定率、从量定额以及复合计税三种办法，需视不同的应税消费品从中选用。

（3）消费税属于价内税。税对企业来说是一种支出，消费税作为价内税，应计入有关成本、费用，用企业的销售收入补偿。具体来说：生产企业销售应税产品交纳的消费税，记入"营业税金及附加"账户。企业委托加工应税产品，加工环节交纳的消费税，视加工产品收回后的用途不同而采用不同的处理方法，这包括两种情况：一是委托加工产品收回后直接用于销售的，所交消费税计入委托加工成本；二是委托加工产品收回后继续用于加工应税消费品的，所交消费税单独核算，记入"应交税费——应交消费税"明细账户的借方，抵扣最终产品销售时计交的消费税；进口环节交纳的消费税，计入进口货物的成本。

消费税的应交、上交均通过"应交税费——应交消费税"明细账户进行核算。

（六）关于"营改增"

2012 年 1 月 1 日从上海开始，我国启动了"营业税"改征"增值税"的试点，目前已扩大至全国范围内的交通运输业和部分现代服务业；2015 年年底前，计划在全国范围内全面实行增值税，取消营业税。在新的经济发展形势下，将增值税的征收范围扩大到全部商品与服务，以增值税取代营业税。目前"营改增"范围和税率如表 9-1 所示。

表 9-1 "营改增"范围和税率

纳税人	\"营改增\"范围			税率
一般纳税人	交通运输业	陆路运输、水路运输、航空运输、管道运输	陆路运输服务包括铁路运输和其他陆路运输	11%
	邮政业	邮政普遍服务、邮政特殊服务和其他邮政服务	邮政普遍服务，是指函件、包裹等邮件寄递，以及邮票发行、报刊发行和邮政汇兑等业务活动；邮政特殊服务，是指义务兵平常信函、机要通信、盲人读物和革命烈士遗物的寄递等业务活动；其他邮政服务，是指邮册等邮品销售、邮政代理等业务活动	11%
	部分现代服务业	研发和技术服务	研发服务、技术转让服务、技术咨询服务、合同管理服务、工程勘察勘探服务	6%
		信息技术服务	软件服务、电路设计及测试服务、信息系统服务、业务流程管理服务	6%
		文化创意服务	设计服务、商标与著作权转让服务、知识产权服务、广告服务、会议展览服务	6%
		物流辅助服务	航空服务、港口码头服务、货运客运场站服务、打捞救助服务、货物运输代理业务、代理报关服务、仓储服务、装卸搬运服务	6%
		有形动产租赁服务	经营性租赁、融资租赁	17%
		鉴证咨询服务	认证服务、鉴证服务、咨询服务	6%
		广播影视服务	广播影视节目（作品）的制作服务、发行服务和播映（含放映，下同）服务	6%
小规模纳税人	所有应税服务			征收率 3%

（七）债务重组

1. 债务重组的定义及意义

债务重组是指在债务人发生财务困难的情况下，债权人按照其与债务人达成的协议或法院的裁定做出让步的事项。债务重组强调债权人"让步"，指债权人同意发生财务困难的债务人现在或者将来以低于重组债务账面价值的金额或者价值偿还债务。做出让步的情形主要包括：减免债务人部分债务本金或者利息，降低债务人应付债务的利率等。

债务重组意义重大：它是债务人起死回生、重整旗鼓的一次良机；对债权人而言，可最大限度地保全债权。

2. 债务重组的方式

（1）以资产清偿债务。

（2）债务转为资本。实质上这是增加债务人资本，必须严格遵守国家有关法律的规定。

（3）修改其他债务条件。例如，延长债务偿还期限、延长债务偿还期限并加收利息、延长债务偿还期限并减少债务本金或债务利息等。

（4）以上两种或两种以上方式的组合。

3. 债务重组的会计处理

债务人的会计处理原则是：用于抵债的资产、股份以公允价值计量，公允价值与其账面价值的差额作为资产处置损益（或资本溢价）处理；偿债资产的公允价值与重组债务账面价值的差额，属于债务人的债务重组收益，列作营业外收入。

采用修改债务条件方式进行债务重组的，应根据新的负债条件计算将来应付金额，将来应付金额的公允价值与重组债务账面价值的差额作为债务重组收益处理；如涉及或有支出，应将其包括在将来应付金额中。

债权人的会计处理原则是：对受让的资产或股份按公允价值入账；这些资产或股份的公允价值与重组债权账面价值的差额，作为债权重组损失，计入营业外支出。采用修改债务条件方式进行债务重组的，如涉及或有收入，不应将其包括在将来应收金额中。

三、综合练习题

（一）单项选择题

1. 应付账款按总价法核算时，如果在折扣期内付款，对所取得的现金折扣收入，正确的处理方法是（　　）。

　　A. 冲减进货成本　　　　　　　　　B. 作为理财损失增加财务费用

　　C. 直接计入当前管理费用　　　　　D. 作为理财收益减少财务费用

2. 资产负债表日，对预提的短期借款利息，贷记的账户是（　　）。

　　A. "短期借款"　　　　　　　　　　B. "应付利息"

　　C. "财务费用"　　　　　　　　　　D. "其他应付款"

3. A 公司于 2014 年 5 月 25 日购入一批商品，进价为 20 000 元，增值税税率为 17%，商品于当日入库，付款条件为 2/10、1/30、n/60。采用净价法核算时，应付账款的入账金额应为（　　）元。

　　A. 22 932　　　　　　B. 23 400　　　　　　C. 23 166　　　　　　D. 20 000

4. A公司因采购商品开具面值40万元、票面利率4%、期限3个月的商业汇票一张。该应付票据到期时，A公司应支付（　　　）元。

  A. 400 000   B. 404 000   C. 412 000   D. 440 000

5. B公司（一般纳税人）将自产的洗发用品作为福利发放给职工，成本价为55 000元，售价为60 000元，则B公司因此需交纳的增值税为（　　　）元。

  A. 9 350   B. 10 200   C. 8 718   D. 9 775

6. 小丁所在的公司实行非累计带薪缺勤制度，规定每名员工每年可享受带薪年假8天。小丁月工资8 000元（日工资为400元），2014年10月休年假4天，至此全年已累计休年假6天。据此，10月小丁应收工资为（　　　）元。

  A. 4 800   B. 5 600   C. 6 400   D. 8 000

7. 商业承兑汇票到期无法偿还时，承兑企业应进行的账务处理是（　　　）。

  A. 转作短期借款   B. 转作应付账款

  C. 转作其他应付款   D. 不进行账务处理

8. 下列各选项中，不属于职工薪酬内容的是（　　　）。

  A. 医疗保险费等社会保险费   B. 住房公积金

  C. 工会经费和职工教育经费   D. 职工困难补助

9. 企业支付工会经费用于职工活动，应借记的账户是（　　　）。

  A. "其他应付款"   B. "其他应收款"

  C. "应付职工薪酬"   D. "银行存款"

10. 银行承兑汇票到期无法偿还时，债务企业应进行的账务处理是（　　　）。

  A. 转作短期借款   B. 转作应付账款

  C. 转作其他应付款   D. 不进行账务处理

11. 对于预收货款业务不多、不单设"预收账款"账户核算的企业，所发生的预收货款应记入的账户是（　　　）。

  A. "应收账款"   B. "应付账款"   C. "预付账款"   D. "其他应收款"

12. 下列有关负债的表述中，正确的是（　　　）。

  A. 企业支付给职工配偶或子女的福利属于职工薪酬的内容

  B. 附现金折扣的应付账款采用总价法核算时，应付账款的入账金额按发票记载的应付金额扣除最大现金折扣后的净额记账

  C. 对确实无法支付的应付账款，应将其账面余额转入资本公积

  D. 购进货物发生的进项增值税一律记入"应交税费——应交增值税"账户的借方

13. 月末，一般纳税人对本月尚未抵扣的增值税进项税额，正确的会计处理方法是（　　　）。

  A. 保留在"应交增值税"明细账户的借方

  B. 保留在"应交增值税"明细账户的贷方

  C. 将其转入"未交增值税"明细账户的借方

D. 将其转入"未交增值税"明细账户的贷方

14. 企业从应付职工薪酬中代扣代缴个人所得税时，贷记的账户是（　　　）。

　　A. "其他应收款"　　　　　　　　B. "应交税费——应交个人所得税"

　　C. "银行存款"　　　　　　　　　D. "应付职工薪酬"

15. A 公司应收 B 公司货款 800 万元，现 B 公司财务困难，双方协商进行债务重组，按 600 万元结清该项货款。A 公司对该笔债权已计提了 100 万元坏账准备。债务重组日，该事项对 A 公司、B 公司的影响分别为（　　　）。

　　A. A 公司资本公积减少 200 万元，B 公司资本公积增加 200 万元

　　B. A 公司营业外支出增加 100 万元，B 公司资本公积增加 200 万元

　　C. A 公司营业外支出增加 200 万元，B 公司资本公积增加 200 万元

　　D. A 公司营业外支出增加 100 万元，B 公司营业外收入增加 200 万元

16. 采用预收货款方式销售商品且会计上单设"预收账款"账户核算，当收到购货单位补付的货款时，应当（　　　）。

　　A. 货记"应收账款"账户　　　　　B. 贷记"预付账款"账户

　　C. 贷记"预收账款"账户　　　　　D. 借记"预收账款"账户

17. 企业经营业务发生的下列税金中，不通过"应交税费"账户核算的是（　　　）。

　　A. 增值税　　　　　　　　　　　B. 营业税

　　C. 印花税　　　　　　　　　　　D. 城市维护建设税

18. 在一般纳税人经营业务发生的下列各项税金支出中，不通过"营业税金及附加"账户核算的是（　　　）。

　　A. 增值税　　　　　　　　　　　B. 营业税

　　C. 消费税　　　　　　　　　　　D. 城市维护建设税

19. 因解除与生产工人的劳动关系而给予的补偿，借记的账户是（　　　）。

　　A. "生产成本"　　B. "制造费用"　　C. "管理费用"　　D. "营业外支出"

20. 企业购进货物用于在建工程时，对所发生的增值税进项税额，正确的处理方法是（　　　）。

　　A. 计入管理费用

　　B. 计入货物的采购成本

　　C. 列作营业外支出

　　D. 记入"应交税费——应交增值税"账户的借方

21. 甲公司购入材料一批，含税价为 405 万元，货款未付。由于公司财务困难，经协商以一台设备抵偿该笔债务。该设备系 2014 年 2 月 9 日购入，账面原价 450 万元，已提折旧 180 万元；公允价值为 300 万元。该债务重组事项影响甲公司税前会计利润的金额为（　　　）万元。

　　A. 30　　　　　　　　B. 45　　　　　　　　C. 84　　　　　　　　D. 135

22. 采用混合重组方式进行债务重组的，以下处理的先后顺序中正确的是（　　）。

    A. 非现金资产方式、现金方式、修改债务条件

    B. 现金方式、非现金资产方式、修改债务条件

    C. 修改债务条件、现金方式、非现金方式

    D. 现金方式、修改债务条件、非现金资产方式

23. C 公司委托外单位加工材料一批，该批委托加工材料为应税消费品（非金银首饰），材料收回后直接用于销售。加工完毕，C 公司提货时，其应将受托单位代收代交的消费税记入（　　）。

    A. "委托加工物资"账户的借方

    B. "应交税费——应交消费税"账户的借方

    C. "应交税费——应交消费税"账户的贷方

    D. "营业税金及附加"账户的借方

24. 进行债务重组时，债务企业对所发生的债务重组利得，正确的处理方法是记入（　　）账户。

    A. "资本公积"　　B. "营业外收入"　　C. "营业外支出"　　D. "投资收益"

25. B 公司属于小规模纳税人，增值税征收率为 3%，本月销售商品价税合计 185 400 元，则本月应交增值税为（　　）元。

    A. 5 400　　　　B. 5 562　　　　C. 30 600　　　　D. 180 000

26. H 公司欠 K 公司货款 500 万元，逾期 2 年尚未支付，双方协议由 H 公司以一项专利偿还该笔债务。该项专利账面余值 405 万元，已计提减值准备 30 万元，公允价值为 420 万元。K 公司对该债权已计提坏账准备 50 万元。则 K 公司发生债权重组损失为（　　）万元。

    A. 30　　　　B. 75　　　　C. 80　　　　D. 125

27. 第 26 题中，债权人 K 公司对受让专利的入账价值为（　　）万元。

    A. 37　　　　B. 420　　　　C. 450　　　　D. 500

28. 我国《支付结算办法》规定，商业汇票的承兑期限最长不能超过（　　）个月。

    A. 3　　　　B. 6　　　　C. 9　　　　D. 12

29. 采用从价定率办法计算应交消费税时，其计税金额为（　　）。

    A. 不含增值税、消费税的销售额　　　　B. 含增值税、消费税的销售额

    C. 不含增值税但含消费税的销售额　　　　D. 含增值税但不含消费税的销售额

30. 甲公司欠乙公司货款 234 万元无力偿还，乙公司同意甲公司以一批商品抵债。商品的账面余额为 140 万元、售价为 180 万元，增值税税率 17%；乙公司对该笔债权已计提坏账准备 20 万元。据此计算，甲公司发生债务重组利得（　　）元。

    A. 234 000　　　　B. 540 000　　　　C. 940 000　　　　D. 702 000

（二）多项选择题

1. 对职工的下列各项支出中，属于职工薪酬的有（　　）。

    A. 住房公积金　　　　B. 工资与津贴　　　C. 职工福利费　　　　D. 养老保险费

    E. 出差补贴

2. 下列各选项中，属于其他应付款核算范围的有（　　）。

    A. 出租包装物收取的押金　　　　　　　B. 应付的短期借款利息

    C. 应付赔偿金　　　　　　　　　　　　D. 职工未按时领取的工资

    E. 租入包装物支付的押金

3. 工业企业发生下列（　　）业务时，对减少的货物应视同销售并计算缴纳增值税。

    A. 销售代销货物　　　　　　　　　　　B. 委托代销货物

    C. 将购入货物用于集体福利　　　　　　D. 将自产货物分配给股东

    E. 将委托加工的货物对外投资

4. 我国《企业会计准则第 9 号——职工薪酬》规定，企业职工包括（　　）。

    A. 全职职工　　　　　　　　　　　　　B. 兼职职工

    C. 临时职工　　　　　　　　　　　　　D. 董事会、监事会和内部审计委员会成员

    E. 与装修公司签订合同正在为企业提供装修服务的人员

5. 下列有关带薪缺勤会计处理的表述中，正确的有（　　）。

    A. 职工享受规定期间的带薪缺勤，休假期间工资待遇不变

    B. 非累计带薪缺勤制度下，职工当年未享受的休假权利由企业支付现金补贴

    C. 累计带薪缺勤制度下，职工当年未享受的休假权利过期作废

    D. 非累计带薪缺勤制度下，职工未享受的休假权利过期作废

    E. 累计带薪缺勤制度下，职工当年未享受的休假权利可在其后一定的期间内有效

6. 债务重组的方式有（　　）。

    A. 以低于债务账面价值的现金清偿债务　　B. 将债务转为资本

    C. 以非现金资产清偿债务　　　　　　　　D. 修改债务条件

    E. 以上两种或两种以上方式的组合

7. 下列有关辞退福利的表述中，正确的有（　　）。

    A. 确认为预计负债的辞退福利，应计入当期损益

    B. 职工虽未与企业解除劳动关系，但未来不再为企业带来经济利益，企业承诺提供实质上具有辞退福利性质的经济补偿，比照辞退福利处理

    C. 对于职工没有选择权的辞退计划，应根据拟辞退职工数量及每位职工的辞退补偿等，计量辞退福利负债

    D. 对于自愿接受裁减的建议，应按照或有事项准则预计将接受裁减建议的职工数量及每位职工的辞退补偿等，计量辞退福利负债

E. 实质性辞退工作在 1 年内完成，凡部分付款推迟到 1 年后支付的，应对辞退福利折现后进行计量

8. 委托加工应税消费品，加工环节由受托方代扣代交的消费税的列支方法包括（　　）。
    A. 管理费用
    B. 增加企业的生产成本
    C. 计入委托加工产品的成本
    D. 计入主营业务成本
    E. 抵扣继续生产的应税产品在销售环节缴纳的消费税

9. 一般纳税人发生下列业务支付的增值税，按规定不予抵扣的有（　　）。
    A. 购进工程物资
    B. 购进自用的机器设备
    C. 购进用于免税项目的物资
    D. 购进准备发放的奖品
    E. 购进加工商品的原材料

10. 下列各项税费中，应计入管理费用的有（　　）。
    A. 印花税
    B. 房产税
    C. 城市维护建设税
    D. 车船税
    E. 教育费附加

11. 一般纳税企业"应交增值税"明细账户设置的专栏有（　　）。
    A. 进项税额
    B. 已交税金
    C. 销项税额
    D. 转出未交增值税
    E. 出口退税

12. 下列各选项中，不属于债务重组准则规定的债务重组范围的有（　　）。
    A. 债务人改组
    B. 延长还款期限并豁免部分债务
    C. 债务人借新债还旧债
    D. 将可转换公司债券转换为普通股股票
    E. 债务人破产清算时发生的债务重组

13. 对债权人而言，下列有关债务重组会计处理的说法中，正确的有（　　）。
    A. 应将重组债权的账面价值与受让资产或股权的公允价值差额，确认为债务重组损失
    B. 受让的固定资产应按公允价值入账
    C. 修改债务条件的债务重组，涉及的或有收益应计入将来应收金额中
    D. 受让的存货按债务人的账面价值计量
    E. 债务重组损失减少资本公积

14. 甲公司为企业的部门经理每人租赁住房一套，提供轿车（企业自有）一辆免费使用，所有轿车的月折旧均为 1 万元，所有外租住房的月租金均为 1.5 万元。对此，甲公司的有关账务处理包括（　　）。
    A. 借：管理费用　　　　10 000
    　　贷：应付职工薪酬　　10 000
    B. 借：应付职工薪酬　　10 000
    　　贷：累计折旧　　　　10 000

　　C. 借：管理费用　　　　　　15 000　　　　D. 借：应付职工薪酬　　　15 000

　　　　　　贷：应付职工薪酬　　　　15 000　　　　　　贷：银行存款　　　　　15 000

　　E. 借：营业外支出　　　　　　25 000

　　　　　　贷：银行存款　　　　　　15 000

　　　　　　　　累计折旧　　　　　　10 000

（三）简答题

1. 应付票据与应付账款有何异同？

2. 职工薪酬包括哪些内容？

3. 一般纳税人与小规模纳税人增值税的会计核算各有哪些特点？

4. 什么叫辞退福利？如何计量？

5. 企业为什么要进行债务重组？

（四）业务题

习题一

1. 目的：练习应付职工薪酬的会计处理。

2. 资料：

2014年6月A公司有关职工薪酬业务如下：

（1）本月工资薪金共计200万元，其中生产工人工资100万元，车间管理人员工资20万元，厂部管理人员工资30万元，专设销售部门人员工资10万元，内部开发人员工资40万元（符合资本化条件）。上述工资薪金已通过银行支付。

（2）根据企业所在地政府规定，按照工资总额的10%、12%、2%和10.5%分别计提医疗保险费、养老保险费、失业保险费和住房公积金，并以银行存款向相关机构缴纳社会保险费和住房公积金。

（3）根据2013年职工福利费实际开支情况，公司预计2014年应承担职工福利费义务金额为工资薪金总额的5%；此外，按工资薪金的2%、1.5%分别计提工会经费和职工教育经费。

3. 要求：

（1）计算各项职工薪酬。

（2）编制A公司上述业务的全部会计分录。

习题二

1. 目的：练习职工薪酬中非货币福利的会计处理。

2. 资料：甲公司是一家生产洗衣机的企业，有职工200名，其中一线生产工人180名，总部管理人员20名。2015年3月，公司决定以其生产的洗衣机作为福利发给职工。该洗衣机的单位成本为 2 000 元，计税价格为 3 000 元，适用增值税税率17%。

3. 要求：编制甲公司的有关会计分录。

习题三

1. 目的：练习债务重组的会计处理。

2. 资料：2013 年 7 月 1 日甲公司向乙公司销售一批商品，货款 900 000 元，同日乙公司开出并承兑为期6个月的不带息商业汇票交付甲公司。汇票到期，乙公司未予偿付。由于乙公司财务困难，预计短期内无力支付货款。经协商，甲公司同意乙公司以其所拥有的某公司股票和一批产品偿还债务。乙公司所持股票的成本为 400 000 元、公允价值为 320 000 元，作为交易性金融资产管理，甲公司取得后作为可供出售金融资产管理。乙公司用以抵债的商品的成本为 400 000 元、公允价值 450 000 元，增值税税率为 17%，甲公司取得后作为原材料管理。甲公司对该项债权提取了 80 000 元的坏账准备。2014 年 1 月 30 日，双方办理了资产转让手续与债务解除手续。

3. 要求：对上述债务重组事项分别进行甲公司和乙公司的会计处理。

习题四

1. 目的：练习债务重组的会计处理。

2. 资料：甲公司从乙公司购入原材料 500 万元（含增值税额），由于财务困难无法归还，2012 年 12 月 31 日进行债务重组。经协商，甲公司在两年后支付本金 400 万元，利息按 5% 计算；同时规定，如果 2013 年甲公司有盈利，则从 2014 年起按 8% 计息。根据 2012 年年末债务重组时甲企业的生产经营情况判断，2013 年甲公司很可能实现盈利；2013 年年末甲公司编制的利润表表明已经实现盈利。假设利息按年支付。乙公司已计提坏账准备 50 万元。

3. 要求：根据上述资料，进行债务重组日及债务展期内甲公司和乙公司相关的会计处理。

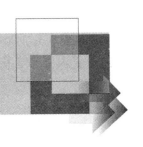

第十章
长期负债

一、内容提要

长期负债是指偿还期在 1 年或超过 1 年的一个营业周期以上的债务。与流动负债相比，长期负债具有金额大、偿还期长的特点，而且它主要因企业进行长期性的投资活动而产生。长期负债内容较少，本章首先阐释了长期借款费用的处理，这是长期负债核算的一个共性问题。在此基础上，对长期借款、应付债券的核算进行了详细说明。

二、重点、难点问题解析

（一）长期负债的特点

相对于向企业所有者筹措权益性资金而言，企业举借长期债务有三个特点：

（1）举借长期债务的企业必须按契约的规定偿还债务本金和利息，因而对企业现金流量的索取权具有刚性特征。

（2）因为债权人无权参与企业的经营管理，故长期债务融资通常不会引起企业控制权的转移。

（3）举债的成本通常较低，且长期负债的利息支出可以在税前列支，有节税功能。

（二）借款费用的处理

借款费用指企业为借入资金而付出的代价，包括借款利息、债券溢价或折价的摊销、为借款而发生的辅助费用以及外币借款的汇兑差额。流动负债主要解决企业经营资金周转不足的需要，所发生的费用一律作为财务费用处理。长期负债则不然，其偿还期限长，具体用途也有差别。会计上就有一个如何处理长期借款费用的问题。国际上，借款费用的列支有两种方法可供选择：一是在发生时直接确认为当期费用，称为"费用化"；二是予以资本化，即将与购置某些资产相关的长期借款费用作为资产初始成本的一部分。

在我国，借款费用的列支采取部分资本化、部分费用化的做法。《企业会计准则第 17号——借款费用》规定：企业发生的借款费用，可直接归属于符合资本化条件的资产的购建或生产的，应当予以资本化，计入相关资产成本；其他借款费用，应当在发生时根据其发生额确认为费用，计入当期损益。这里，符合资本化条件的资产，是指需要经过相当长时间（通常为 1 年以上，含 1 年）的购建或者生产活动才能达到预定可使用或可销售状态的固定资产、投资性房地产、存货（指房地产企业开发的用于对外出售的房地产开发产品、企业制造的用于对外出售的大型机器设备等）、建造合同、开发阶段符合资本化条件的无形资产等。

需要注意的是，用于固定资产、投资性房地产、建造合同、大型设备等资产购建或生产的借款费用并非全部予以资本化，只是部分予以资本化。这里应掌握借款费用资本化的资产对象、开始资本化的条件与时点、最终停止资本化的条件与时点、在资产购建或生产过程中需要暂停资本化的各种情况等。应结合主教材内容学习掌握，尤其要理解。

（三）借款费用资本化金额的确定

以借款利息为例说明。为购建或生产符合资本化条件的资产而借入专门借款的，以专门借款当期实际支付给银行的利息费用、减去尚未动用借款的收益（如借入资金的银行存款利息收入或进行暂时性投资取得的投资收益）后确定。具体举例详见主教材【例10-1】。

上述资产的购建或生产占用了企业一般借款的，还应当根据累计资产支出超过专门借款部分的资产支出加权平均数乘以所占用的一般借款的资本化率，计算确定占用一般借款应予资本化的利息金额。

（四）长期借款的核算

长期借款是指企业向银行或其他金融机构借入的偿还期超过1年的各种借款，包括人民币长期借款和外币长期借款。长期借款的核算内容包括借款的取得、应付利息的确认、还本付息。其中，利息的列支按上述借款费用资本化或费用化的规定处理。长期借款应付利息的核算账户分两种情况：分期支付的，偿付期内确认的应付利息通过"应付利息"账户核算；利息于到期时同本金一起支付的，应付利息可在"长期借款——应计利息"账户中核算。至于利息的入账时间，分以下两种情况处理：

（1）对应计入资产成本的借款利息，一般在会计中期、年末和资产达到预定可使用或可销售状态的会计期末将利息计提入账；如果年内分期支付利息，也可按付息期确认。

（2）其他借款利息，何时确认入账由企业自行决定，但在中期期末和年度终了这两个时点上，企业必须核算应付利息，以正确反映当期的负债与损益。

（五）应付债券的核算

1. 公司债券的种类

按有无担保，公司债券分为抵押债券（有担保债券）和信用债券（无担保债券）；按是否记名，公司债券分为记名债券和不记名债券（息票债券）；按实际发行价格，公司债券分为平价债券、溢价债券和折价债券；按还本方式，公司债券分为一次还本债券和分期还本债券。

2. 公司债券的发行

公司发行债券，必须符合有关条件，对此，《中华人民共和国证券法》有明确规定。公司债券的面值及票面利率在发行之前就已确定，由于受发行时市场利率的影响，公司债券的实际发行价格与面值往往不一致。实际发行价高于面值的，称为溢价发行债券；实际发行价低于面值的，称为折价发行债券；实际发行价等于面值的，则称为平价发行债券。这里应掌握债券发行价格的计算方法：

债券的发行价格＝偿还的债券面值按市场利率折算的现值① ＋
偿还的票面利息按市场利率折算的现值②

3. 公司债券溢价或折价的摊销

公司债券溢价是债券的实际发行价高于面值的差额，性质上是发行企业对未来多付利息的一种事前补偿。公司债券折价是债券的实际发行价低于面值的差额，性质上是发行企业对债券投资者未来少收利息的一种事前补偿。债券溢价或折价的性质决定了企业应将它们在债券的存续期内分摊，作为对各期实际利息费用的调整，故称"利息调整"。与第五章金融资产所述持有至到期投资溢价或折价的摊销方法相同，公司发行债券的溢价或折价，摊销方法也有直线法与实际利率法两种，我国会计准则要求采用实际利率法摊销。这里的实际利率是指发行时的市场利率，也就是将偿付债券的本息折现为债券实际发行价时的贴现率。有关计算如下：

每期应付债券利息＝债券面值×票面利率

每期实际利息费用＝债券期初摊余成本×实际利率

每期分摊溢价或折价金额＝各期应付债券利息－当期实际利息费用

应付债券的核算，会计上需要提供面值、利息调整、应付利息等信息，它们在"应付债券"总账下分设相应明细账户进行核算。这里需要注意应付利息的核算账户的选用：债券利息分期支付的，会计上确认的应付利息通过"应付利息"账户核算，属于流动负债；债券利息于到期时同本金一起支付的，各期确认的应付利息则通过"应付债券——应计利息"账户核算，作为长期负债列报。

4. 公司债券的偿还

公司债券的偿还分为到期直接偿还与提前偿还两种情况。到期一次还本的，不管债券当初以何种价格发行，存续期内债券溢价或折价已分摊完毕，债券到期按面值清偿。提前偿付的，一方面应将未摊销的债券溢价或折价同面值一起注销；另一方面，将偿付金额与债券账面价值的差额确认为提前偿付债券的损益。至于应付债券利息，既可分期支付，也可到期同本金一起支付。分期支付债券利息时，债券到期偿付的仅是最后一期的利息；到期一次付息的，债券到期偿付的是该债券自发行日起至期满止的全部利息。

5. 可转换债券

可转换债券是指发行企业允许债券持有者在特定时期、按约定的转换率将所持债券转换

---

① 债券面值分期等额偿付的，各期偿付的面值按年金贴现；债券面值于到期一次偿付的，则按复利贴现。

② 债券利息分期偿付的，各期偿付的利息按年金贴现；利息于债券到期一次偿付的，则按复利贴现。

为发行企业普通股的债券。事实上，这种债券兼有股票和债券双重性质。债券将来能否转换为股票，取决于转换期内发行企业的股票市价的高低、走势及投资者的决策。企业发行可转换债券，核算上应掌握：

（1）发行的核算。企业发行可转换债券，在初始确认时应对其包含的负债成份和权益成份进行分拆，将负债成份确认为应付债券，将权益成份确认为资本公积（转换权价值）。因发行可转换债券发生的交易费用，应当在负债成份和权益成份之间按照各自的相对公允价值进行分摊。

可转换债券转换为股份前，按实际利率与摊余成本确认利息费用，按票面利率计算应付利息，这与一般公司债券的核算相同。

（2）转换为股份。可转换债券转换为股份时，发行企业应将债券面值、未摊销的溢价或折价、应付利息及发行费用一并注销，同时反映股东权益。具体来说，企业应以债券账面价值与转换权价值之和作为股票的价值入账，其中，"股本"账户登记股票的面值，债券的账面价值及转换权价值之和与可转换股份面值的差额减去支付现金后的余额，作为资本公积处理，会计上不确认转换损益。

转换期过后仍未转换的，发行企业对该种债券仍作为一般债券进行核算和管理。

（六）或有负债

1. 或有负债的特点

（1）由过去的交易或事项产生。例如，企业涉及诉讼，因为企业"可能"违反某项经济法律的规定且已收到对方的起诉，这已是事实。

（2）其结果具有不确定性。这种负债最终能否发生，取决于事项未来的发展。

（3）其结果只能由事项的未来发生或不发生来证实。

或有负债无论属于潜在义务还是现时义务，均不符合负债的确认条件，会计上不予确认，但或有负债如果符合某些条件，则应予披露。披露的原则是：极小可能导致经济利益流出企业的或有负债一般不予披露；而对经常发生或对企业的财务状况和经营成果有较大影响的或有负债，即使其导致经济利益流出企业的可能性极小，也应予披露。披露的内容包括形成的原因、预计产生的财务影响（如无法预计，应说明理由）、获得补偿的可能性。例外的情况是，在涉及未决诉讼、仲裁的情况下，如果披露全部或部分信息预期会对企业造成重大不利影响，则企业无需披露这些信息，但应披露未决诉讼、仲裁形成的原因。

（七）预计负债

与或有事项相关的义务，如果同时符合某些条件，会计上应确认为预计负债进行核算。由此可见，预计负债是由或有负债发展或演变而成的。对预计负债应掌握三点：

1. 预计负债应具备的条件

预计负债应同时具备下面三项条件：

（1）该义务是企业承担的现时义务。

（2）该义务的履行很可能导致经济利益流出企业。

（3）该义务的金额能够可靠地计量。

2. 预计负债与或有负债的区别

预计负债、或有负债都是由或有事项形成的，但两者有差别。主要表现在：① 或有负债是一种潜在义务，预计负债是一种现时义务；② 即使两者都属于现时义务，但作为或有负债的是一种特殊的现时义务，其特殊性表现在：要么不是很可能导致经济利益流出企业，要么金额不能可靠计量；而作为现时义务的预计负债，很可能导致经济利益流出企业，同时金额能可靠地计量。③ 由于前面的差别，会计上对或有负债不予确认，只需按规定进行表外披露；而对预计负债，会计上应进行确认、计量、记录与报告，这与一般负债相同。

3. 预计负债的会计处理

对预计负债会计上单设"预计负债"账户进行核算，并在资产负债表上单独反映。

需要注意的是，企业清偿预计负债所需的金额，按照法律规定有时可向第三方申请并得到补偿，如因担保发生赔偿所产生的预计负债，担保方企业可按照规定向被担保方企业申请赔偿，会计上称为"或有收益"。对申请的补偿金额在基本确认能够收到时作为资产单独确认，并通过"其他应收款"账户核算。当然，所确认的补偿金额不应超过预计负债的账面价值。

三、综合练习题

（一）单项选择题

1. 下列各选项中，不属于长期负债的是（　　　）。

　　A. 应交税费　　　　　B. 长期借款　　　　　C. 应付债券　　　　　D. 预计负债

2. 对于分期付息的长期借款，其应付利息的核算账户是（　　　）。

　　A. "长期借款"　　　B. "其他应付款"　　C. "长期应付款"　　D. "应付利息"

3. 折价发行债券时，债券折价金额实质上是发行企业（　　　）。

　　A. 由于未来多付利息而预先收回的补偿

　　B. 由于未来少付利息而预先对投资者的补偿

　　C. 由于未来多得利息而预先支付的代价

　　D. 由于未来少得利息而预先取得的补偿

4. 溢价发行债券时，债券溢价金额实质上是发行企业（　　　）。

　　A. 由于未来多付利息而预先取得的补偿

　　B. 由于未来少付利息而预先对投资者的补偿

　　C. 由于未来多得利息而预先支付的代价

　　D. 由于未来少得利息而预先取得的补偿

5. 企业发行期限为 9 个月的公司债券，该项负债的核算账户为（　　）。

    A. "应收债券"　　　B. "短期应付债券"　C. "应付票据"　　　D. "短期借款"

6. 企业发行的到期一次还本付息债券，各期确认的应付利息的核算账户为（　　）。

    A. "应付利息"　　　　　　　　　　B. "其他应付款"

    C. "长期应付款"　　　　　　　　　D. "应付债券——应计利息"

7. 企业发行分期付息债券，偿付期内各期确认的应付利息的核算账户是（　　）。

    A. "应付利息"　　　　　　　　　　B. "其他应付款"

    C. "长期应付款"　　　　　　　　　D. "应付债券——应计利息"

8. 列支借款费用时，下列各选项不可能涉及的是（　　）。

    A. 在建工程　　　　B. 制造成本　　　　C. 销售费用　　　　D. 财务费用

9. E 公司于 2014 年 1 月 1 日发行面值 100 万元、票面利率 10%、期限 4 年的分期付息债券，共收款 116 万元（发行费用略）；付息期为 1 月 1 日和 7 月 1 日。如果采用直线法摊销债券溢价，则 2015 年 6 月 30 日，该批债券的账面价值为（　　）万元。

    A. 100　　　　　　B. 115　　　　　　C. 116　　　　　　D. 119

10. 第 9 题中，全部条件不变。2015 年 6 月 30 日 E 公司 "应付债券" 账户的期末余额为（　　）万元。

    A. 100　　　　　　B. 110　　　　　　C. 115　　　　　　D. 116

11. 2013 年 1 月 1 日，A 公司发行面值 60 000 万元、期限 3 年、年利率 3% 的债券一批，实际收款 60 540 万元。偿付期内，该债券每半年付息 1 次，付息日为 6 月 30 日、12 月 31 日，半年的实际利率为 1.34%，债券溢价采用实际利率法摊销。据此，2013 年 7 月 1 日应付债券摊余成本为（　　）万元。

    A. 840　　　　　　B. 811.24　　　　C. 60 451.24　　　D. 60 480

12. 可转换债券对债券持有者来说，可在规定时期内按约定的转换率转换为（　　）。

    A. 债券发行企业的优先股股票　　　B. 债券发行企业的普通股股票

    C. 任何企业的优先股股票　　　　　D. 任何企业的普通股股票

13. 溢价发行债券时，市场利率（　　）。

    A. 低于债券的票面利率　　　　　　B. 无法判断

    C. 等于债券的票面利率　　　　　　D. 高于债券的票面利率

14. 2013 年 1 月 1 日，H 公司发行面值 50 000 万元、期限 3 年、票面利率 6% 的债券一批，实际收款 52 802 万元；每半年付息 1 次，付息日为 1 月 1 日、7 月 1 日。发行日实际利率为 4%，并据此摊销债券溢价或折价。则 2013 年 12 月 31 日该批债券 "应付债券——利息调整" 账户的余额为（　　）万元。

    A. 1 047　　　　　B. 1 056　　　　　C. 1 500　　　　　D. 1 905

15. 第 14 题中，全部条件不变。2013 年 6 月 30 日该批债券的账面价值为（　　）万元。

A. 51 746　　　　B. 52 358　　　　C. 53 858　　　　D. 54 302

16. B 公司于 2014 年 11 月 2 日收到法院通知，被告知已被 A 公司状告侵犯专利权，要求赔偿金额 200 万元。B 公司认为涉案核心技术是委托 K 公司研制的，K 公司应承担连带责任并对 B 公司进行赔偿。年末，根据法律诉讼进展及常年法律顾问的意见，B 公司认为对原告赔偿的可能性在 85% 以上，最有可能的赔偿金额为 80 万元，从 K 公司得到补偿已基本确定，最有可能获得的补偿金额为 30 万元。对此，年末编制财务报表时，B 公司应进行的会计处理是（　　）。

A. 借：管理费用　　　800 000
　　　贷：预计负债　　　800 000

B. 借：营业外支出　　　800 000
　　　贷：预计负债　　　800 000

C. 借：营业外支出　　　500 000
　　　其他应收款　　　300 000
　　　贷：预计负债　　　800 000

D. 借：其他应收款　　　300 000
　　　贷：预计负债　　　300 000

17. 2015 年 2 月 7 日，A 公司收到法院通知已被 K 公司起诉，并被要求赔偿违约经济损失 30 万元。至 6 月末，法院尚未做出裁决。对此项诉讼，A 公司估计有 80% 的可能胜诉；若败诉，赔偿金额估计为 20 万元，并支付诉讼费用 3 万元。则 2015 年 6 月 30 日，A 公司对外报送财务报表时，需要进行的处理是（　　）。

A. 不确认负债，作为或有负债在报表附注中披露

B. 确认预计负债 23 万元，同时在报表附注中披露

C. 不确认负债，也无需在报表附注中披露

D. 确认预计负债 33 万元，同时在报表附注中披露

18. 2012 年 9 月 20 日，甲公司收到法院通知被乙公司诉讼，并被要求赔偿违约经济损失 50 万元。至年末法院尚未做出裁决。对此项诉讼，甲公司估计有 80% 的可能败诉，赔偿金额为 20 万 ~ 40 万元，并支付诉讼费用 5 万元。则 2012 年年末，甲公司需要进行的处理是（　　）。

A. 不确认负债，也无需在报表附注中披露

B. 不确认负债，作为或有负债在报表附注中披露

C. 确认预计负债 35 万元，同时在报表附注中披露

D. 确认预计负债 45 万元，同时在报表附注中披露

19. 企业对预计很可能承担的诉讼赔偿损失，正确的处理方法是（　　）。

A. 列作营业外支出　　　　　　　B. 列作管理费用

C. 列作销售费用　　　　　　　　D. 列作财务费用

20. 2014 年 12 月，K 公司遭到起诉，但法院尚未判决。公司根据法律顾问的意见，认为胜诉的可能性为 40%、败诉的可能性为 60%；一旦败诉，赔偿金额估计为 40 万 ~ 60 万元。对此 K 公司在年末资产负债表中应确认预计负债（　　）万元。

A. 20　　　　B. 30　　　　C. 40　　　　D. 50

21. 根据我国借款费用准则的规定，企业发生下列借款利息中应予以资本化处理的是（ ）。

    A. 购入存货而发生的借款利息

    B. 企业并购所发生的长期借款利息

    C. 进行新产品研发在研究阶段所发生的长期借款利息

    D. 建造生产车间在车间达到预定可使用状态前发生的长期借款利息

（二）多项选择题

1. 下列各选项中，应作为长期负债核算的有（ ）。

    A. 应付职工薪酬   B. 应付债券

    C. 预计负债   D. 融资租入固定资产应付款

    E. 到期与本金一起偿付的长期借款应付利息

2. 公司债券按有无抵押或担保分类，包括（ ）。

    A. 抵押债券   B. 记名债券   C. 信用债券   D. 息票债券

    E. 分期付息债券

3. 长期借款利息可计入的项目有（ ）。

    A. 财务费用   B. 在建工程   C. 营业外支出   D. 研发支出

    E. 制造费用

4. 决定公司债券发行价格的主要因素有（ ）。

    A. 债券面值   B. 债券票面利率

    C. 债券期限   D. 发行时的市场利率

    E. 公司的信誉

5. 企业为了核算自己发行的到期一次还本付息债券，需在"应付债券"总分类账户下设置的明细分类账户有（ ）。

    A. "债券折价"   B. "债券面值"   C. "利息调整"   D. "应计利息"

    E. "债券溢价"

6. 常见的或有事项主要包括（ ）。

    A. 债务担保   B. 环境污染整治

    C. 产品质量保证   D. 商业承兑汇票贴现

    E. 应收账款抵借

7. 以下各选项对或有负债发生"可能性"的划分标准中，正确的有（ ）。

    A. "基本确定"是指发生概率大于95%，但小于100%

    B. "很可能"是指发生概率大于50%，但小于或等于95%

    C. "极小可能"是指发生概率大于0，但小于或等于5%

    D. "可能"是指发生的概率大于5%，但小于或等于50%

E. "很可能"是指发生概率大于或等于50%，但小于95%

8. 下列各选项中，属于借款费用内容的有（　　）。

　　A. 借款利息　　　　　　　　　　　B. 外币借款的汇兑差额

　　C. 债券发行费用　　　　　　　　　D. 发行债券的溢价或折价摊销额

　　E. 债券发行失败的损失

9. 预计负债最佳估计数的正确计量方法有（　　）。

　　A. 最佳估计数由法院决定

　　B. 如果存在一个金额范围，最佳估计数是该范围的上限值

　　C. 或有事项涉及单个项目的，最佳估计数按照最可能发生金额确定

　　D. 或有事项涉及多个项目的，最佳估计数按照各种可能结果及相应概率计算确定

　　E. 所需支出如果存在一个连续范围，且该范围内各种结果发生的可能性相同，最佳估计数应按该范围内的平均值确定

10. 借款费用资本化应当具备的条件包括（　　）。

　　A. 用于固定资产购建的专门借款

　　B. 制造费用办理的借款

　　C. 资本支出已经发生

　　D. 借款费用已经发生

　　E. 为使资产达到预定可使用状态的必要的购建活动已经开始

（三）简答题

1. 我国企业会计准则对借款费用的列支有何规定？为什么？

2. 举借长期债务对企业有何好处？

3. 会计上对或有负债如何处理？

4. 从投资者的角度看，公司债券与股票有何不同？

5. 企业为什么要通过发行可转换债券来筹集长期资金？

6. 预计负债与或有负债有何不同？

（四）业务题

习题一

1. 目的：练习公司债券发行价格的计算。

2. 资料：A公司于2014年1月1日发行面值为1 000万元、票面利率为5%、期限为3年的公司债券，发行日的市场利率为4%。其他补充资料如表10-1所示。

表 10 -1　复利现值系数与年金现值系数表（部分）

期　限	复利现值系数		年金现值系数	
	2%	4%	2%	4%
3	0. 942 3	0. 889 0	2. 883 9	2. 775 1
6	0. 888 0	0. 790 3	5. 601 4	5. 242 1

3. 要求：

（1）假设每半年的期末支付一次债券利息，计算该债券的发行价格。

（2）假设全部债券利息于到期时同本金一起支付，计算该债券的发行价格。

习题二

1. 目的：练习长期借款的核算。

2. 资料：E 公司于 2014 年 1 月 4 日向银行借入 80 万元用于某项工程，期限 3 年，利率 10%，合同规定到期一次还本付息。该公司每半年计算一次利息费用，工程于 2014 年年底达到预定可使用状态并交付使用。

3. 要求：编制上述业务的会计分录。

习题三

1. 目的：练习借款费用的核算。

2. 资料：东方公司于 2014 年 1 月 1 日正式动工兴建一栋办公楼，工期预计为 1 年 6 个月，工程采用出包方式，每月 1 日支付工程进度款。公司为建造办公楼于 2014 年 1 月 1 日向银行专门借款 2 000 万元，期限 2 年，年利率为 6%。工程除了上述借款外，还占用了公司部分一般借款，该借款于 2014 年 1 月 1 日取得，金额为 800 万元，3 年期，年利率为 10%。公司按年计算应予资本化的利息金额。

公司在 2014 年度为建造该办公楼的支出金额如表 10 -2 所示。

表 10 -2　甲公司 2014 年建造办公楼支出明细表

日　　　期	每期资产支出金额（万元）	资产累计支出金额（万元）
1 月 1 日	500	500
2 月 1 日	100	600
3 月 1 日	300	900
4 月 1 日	200	1 100
9 月 1 日	600	1 700
10 月 1 日	400	2 100
11 月 1 日	240	2 340
12 月 1 日	300	2 640

因发生质量纠纷，该工程项目于2014年4月30日至8月31日发生中断。

3. 要求：计算2014年应予资本化的利息金额，并编制年末计提利息的会计分录。

习题四

1. 目的：练习应付债券的核算。

2. 资料：

甲上市公司发行公司债券为建造专用生产线筹集资金，有关资料如下：

（1）2012年12月31日，委托证券公司以7 755万元的价格发行3年期、分期付息公司债券一批，债券面值为8 000万元，票面利率为4.5%，实际利率为5.64%，每年付息一次，付息日为下一年度的1月10日，到期按面值偿还；支付的发行费用与发行期间冻结资金产生的利息收入相等。

（2）生产线建造工程采用出包方式，于2013年1月1日开始动工，发行债券所得款项当日全部支付给建造承包商，2014年12月31日所建造生产线达到预定可使用状态。

3. 要求：

（1）编制甲公司发行债券的会计分录。

（2）采用实际利率法计算确认各年的债券利息费用，分摊债券折价，并将计算结果填入表10－3。

表10－3　应付债券利息费用计算表——实际利率法　　　　单位：元

期　数	应付利息	实际利息费用	折价摊销额	未摊销折价	期末摊余成本
1					
2					
3					
合计					

（3）根据上表的计算结果，分别编制甲公司2013年12月31日和2014年12月31日确认债券利息、2016年1月10日偿付债券本息的会计分录（"应付债券"账户应列出明细账户）。

习题五

1. 目的：练习预计负债的会计处理。

2. 资料：A公司是国内一家著名的化妆品生产企业，其产品深受消费者喜爱。但A公司发现市场上有仿冒该产品的产品在销售，严重影响了A公司的信誉及经营业绩。经查，A公司发现B公司利用自己的品牌进行大批量生产。于是，A公司向当地法院起诉B公司，要求B公司立即停止侵权行为，赔偿损失200万元，并承担诉讼费5万元。法院一审判决A公司胜诉。B公司不服，决定上诉。

3. 要求：做出B公司的相应会计处理。

第十一章
所有者权益

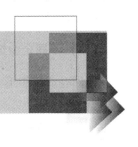

一、内容提要

企业的组织形式分为公司制、非公司制两类，前者指有限责任公司、股份有限公司等具有法人资格、承担有限责任的企业，后者指独资、合伙等不具法人资格、承担无限责任的企业。从会计核算角度看，不同组织形式的企业，资产、负债、收入、费用、利润五个要素的内容及其核算方法基本相同，不同的只是所有者权益。本章的重点是公司制企业所有者权益的核算，非公司制企业所有者权益的核算仅做一般了解。

二、重点、难点问题解析

（一）所有者权益的特征

按照会计等式"资产 = 负债 + 所有者权益"，企业权益分为债权人权益（即负债）和所有者权益。与负债相比，所有者权益具有以下特征：

1. 随投资人的投资行为而产生

所有者权益表明企业的产权关系，即谁投资谁享有企业净资产的所有权。无论投资人是国家、其他企业或个人，所有者权益的性质都是相同的。

2. 置后于债权人的权益

从法律角度看，负债对企业资产的要求权优先于所有者权益，所有者所拥有的权益只能是资产总额减去负债总额后的剩余权益。尤其当企业进行清算时，变现后的资产首先用于偿还负债，剩余资产才在投资人之间按出资比例进行分配。

3. 无需偿还

所有者权益是企业一项可以长期使用的资金，一般只有在按法律程序减资或企业清算时，才可能归还给投资人。

4. 其大小取决于投资额的多少以及企业经营的好坏

所有者权益直接产生于所有者的投资行为，但它并不等于所有者的原始投资额，它会因企业经营中实现的盈亏和其他事项而发生变化。

5. 比债权人权益具有更大的风险

债权人对企业的投资不受企业盈亏的影响，风险较小；而所有者对企业的投资究竟能获得多少报酬，取决于企业的盈利水平和利润分配的政策，且需承担最终风险，因此风险较大。

（二）不同企业组织形式所有者权益的构成及特征

不同企业组织形式所有者权益的构成及其特征，归纳如表 11 – 1 所示。

表 11 – 1　不同组织形式企业的所有者权益构成

企业类型	企业特征	所有者权益的特征及构成
有限责任公司	股东相对较少（50 人以下），股权较集中，股权流动性相对较小；股东以其出资额为限对公司承担责任	公司制企业的所有者权益通常由实收资本（或股本）①、资本公积（含资本溢价或股本溢价、其他资本公积）、其他综合收益、盈余公积和未分配利润等构成。其中，所有者投入的资本，既包括构成企业注册资本或者股本部分的金额，也包括投入资本超过注册资本或股本部分的金额，即资本溢价或者股本溢价。其他综合收益是指不应计入当期损益、会导致所有者权益发生增减变动的、与所有者投入资本或者向所有者分配利润无关的利得或者损失，包括可供出售金融资产的公允价值变动额、现金流量套期中套期工具公允价值变动额（有效套期部分）等。留存收益，是指企业历年实现的净利润留存于企业的部分，主要包括累计计提的盈余公积和未分配利润
股份有限公司	将全部资本分成等额股份，并通过发行股票方式筹集资本。股份可以上市并自由转让；由法定最低限额以上的股东组成，股东以所持股份为限对公司承担责任	
独资企业	个人出资经营，业主拥有直接的经营管理权和净资产处置权；非独立法律实体；业主对企业债务承担无限连带责任	所有者权益属业主一人独有。既然业主个人对企业债务负有无限清偿责任，企业的所有者权益不必像公司制企业那样明确分为两部分，故合伙企业的所有者权益构成内容仅为业主资本一项。不论业主投资，还是业主从企业中提取款项，以及企业所赚取的利润，最终全部归入"业主资本"账户，以反映独资企业所有者权益变动的全部过程和结果
合伙企业	由两个或两个以上的投资者（自然人、法人和其他组织）订立合伙协议，共同出资、共同经营、共享收益、共担风险的非独立法律实体，包括普通合伙企业和有限合伙企业。普通合伙企业是合伙人共同执行合伙事务，并对合伙企业债务承担无限连带责任；在有限合伙企业中，只有普通合伙人执行合伙事务并对合伙企业债务承担无限连带责任	与独资企业基本相同，但"业主资本"账户应按合伙人名称开设明细账，登记各合伙人权益的增减变动

① 一般而言，有限责任公司的资本称为"实收资本"，股份有限公司的资本称为"股本"。

（三）公司制企业所有者权益的核算

本项内容政策性、法规性很强，学习时应熟悉我国《公司法》的相关规定，同时注意企业的利润分配政策。由于未分配利润是一个累计结存数，反映企业自开始营业至本期止的累计未分配利润数额。年终决算转账后，该金额自动生成，无需单独进行核算。

1. 实收资本或股本的核算

（1）有限责任公司收到的投资者的出资通过"实收资本"账户核算。这里应注意两点：一是熟悉 2014 年 3 月开始实施的修订后的《公司法》对投入资本的新规定：公司注册资本由原来的"实缴制"改为"认缴制"。修改前的《公司法》规定申请设立公司，股东必须实缴资本；即使分期缴纳，股东首次出资额也有严格限制，剩余出资额也需要在一定时限内缴足。修改后的《公司法》规定，有限责任公司的注册资本为在公司登记机关登记的全体股东认缴的出资额，股东以其认缴的出资额为限对公司承担责任，不再强求实缴资本。对于分期缴纳的注册资本，也不再强行设定认缴期间，并取消了原来法定最低资本额的要求。注册资本从实缴制改为认缴登记制，即认缴出资额、出资方式、出资期限等，全凭公司股东在章程中自主约定，营业执照中只体现全体股东拟认缴出资额，而不体现已经实际缴纳出资额。当然，认缴制的实施并不意味着股东出资义务的免除，因为公司章程所规定的认缴资本额一经确定并注册登记，即产生了全体股东的出资义务，这既是约定义务也是法定义务。二是掌握投资的入账价值。有限责任公司股东可以用货币出资，也可以用实物、知识产权、土地使用权等可以用货币估价并可以依法转让的非货币财产作价出资，但法律、行政法规规定不得作为出资的财产除外。会计上对于收到的非货币财产出资，应在办理财产权转移手续后，按照投资合同或协议约定的价值（在投资合同或协议约定价值不公允的情况下，应当按照该项非货币财产的公允价值），增加有关资产记录；按投入资本在注册资本中所占份额，增加实收资本金额；两者如有差额，作为资本公积处理。

（2）股份有限公司投入资本通过"股本"账户核算。公司发行的股票，应按其面值作为股本，超过面值发行取得的收入，其超过面值的部分，作为股本溢价，计入资本公积。这里要注意股票发行费用的处理。股份有限公司发行股票支付的手续费或佣金、股票印制成本等，减去发行股票冻结期间所产生的利息收入，溢价发行的，从溢价中抵消。无溢价的，或溢价不足以支付的部分，若金额较小，直接计入当期损益；若金额较大，作为长期待摊费用，在不超过 2 年的期限内平均摊销，计入管理费用。

（3）实收资本或股本增减变动的核算。我国《公司法》规定，公司资本（或股本）除非符合增资条件或按法定程序报经批准减少注册资本外，不得随意变动。一般地，实收资本或股本的增加包括投资者追加投资、增发新股、发放股票股利、由公积金或可转换公司债券转增等。当公司发生符合上述规定的资本（或股本）的增减变动情况时，应当依法向公司登记机关办理变更登记，并进行相关的会计处理。这里应重点关注两个内容：第一，回购公司股票的核算。采用收购本公司股票方式减资的，回购的本公司股票按实际支付的金额记入"库存股"账户；注销库存股时，若所注销的股票总面值与其回购实际支付的总金额存在差异，对该差额应先冲减股票发行时原记入资本公积的溢价金额，不足部分再依次冲减盈余公积与未分配利润。第二，将可转换债券转为股本。债券持有人按照规定转换后，发行企业应将债券面值、未摊销的溢价或折价、应付利息及发行费用一并注销，同时反映股东权益。具体来说，应以债券账面价值与转换权价值之和作为股票的价值入账，其中，"股本"账户登记股票的面值，债券的账面价值及转换权价值之和与可转换股份面值的差额减去支付现金后的余额，作为资本公积处理。

2. 资本公积的核算

（1）资本公积是企业收到的投资者超出其在企业注册资本（或股本）中所占份额的投资，以及直接计入所有者权益的利得和损失等，包括资本溢价（或股本溢价）和直接计入所有者权益的利得与损失。

（2）其他资本公积包括：第一，以权益结算的股份支付换取职工或其他方提供服务。第二，对长期股权投资业务采用权益法进行会计处理，被投资单位发生除净损益、其他综合收益以及利润分配以外的所有者权益其他变动时，投资方应按所持股权比例计算应享有的份额，调整长期股权投资的账面价值，同时记入"资本公积——其他资本公积"账户。导致被投资单位发生的所有者权益其他变动的因素包括被投资单位接受其他股东的资本性投入、以权益结算的股份支付、其他股东对被投资单位增资导致投资方持股比例变动等。投资方在后续处置股权投资但对剩余股权仍采用权益法核算时，应按处置比例将已计入其他资本公积中的部分转入当期投资收益；对剩余股权终止权益法核算时，将这部分资本公积全部转入当期投资收益。具体参见《企业会计准则第2号——长期股权投资》（2014）。

（3）其他综合收益

其他综合收益是指企业根据其他会计准则规定未在当期损益中确认的各项利得和损失，即直接计入所有者权益的利得和损失。《企业会计准则第30号——财务报表列报》（2014）规定，有其他综合收益相关业务的企业，应当设置"其他综合收益"账户进行会计处理，并与"资本公积"账户相区分。其他综合收益项目可分为下列两类：① 以后会计期间不能重分类进损益的其他综合收益项目，主要为重新计量设定受益计划净负债或净资产导致的变动及按照权益法核算的在被投资单位不能重分类进损益的其他综合收益变动中所享有的份额。② 以后会计期间在满足规定条件时将重分类进损益的其他综合收益项目。主要包括：第一，按照权益法核算的在被投资单位可重分类进损益的其他综合收益变动中所享有的份额。第二，可供出售金融资产公允价值变动形成的利得或损失以及持有至到期投资重分类为可供出售金融资产形成的利得或损失。第三，现金流量套期工具产生的利得或损失中属于有效套期的部分。第四，外币财务报表折算差额。第五，根据相关会计准则规定的其他项目。比如根据《企业会计准则第3号——投资性房地产》，自用房地产或作为存货的房地产转换为以公允价值模式计量的投资性房地产在转换日公允价值大于账面价值部分计入其他综合收益；待该投资性房地产处置时，将该部分转入当期损益等。

根据《企业会计准则第30号——财务报表列报》（2014），会计期末，在财务报告中，应对其他综合收益的相关信息进行列报。

3. 盈余公积的核算

盈余公积是企业从税后利润中提取的积累资金，包括法定盈余公积和任意盈余公积。盈余公积的一般用途有三项：一是弥补亏损；二是转增资本；三是扩大企业生产经营。这里应掌握盈余公积提取、使用的相关规定，如我国现行《公司法》规定股份有限公司和有限责任公司应按当年税后利润的10%提取法定盈余公积，但当法定盈余公积累计额为公司注册资本的50%以上时，可不再提取。法定公积金转为资本后，所留存的该项公积金不得少于转增前公司注册资本的25%等。

三、综合练习题

（一）单项选择题

1. 某有限责任公司注册资本500万元，根据我国现行《公司法》规定，公司全体股东的货币出资金额不得低于（ ）万元。

    A. 50   B. 100   C. 150   D. 250

2. 企业为减少注册资本而回购本公司股份，按实际支付的金额，应借记的账户是（ ）。

    A. "股本"   B. "盈余公积"   C. "资本公积"   D. "库存股"

3. 以法定盈余公积转增股本时，转增后的法定盈余公积余额不得少于注册资本的（ ）。

    A. 50%   B. 25%   C. 20%   D. 30%

4. 企业用税前利润弥补亏损时，正确的会计处理为（ ）。

    A. 无需专门进行会计处理

    B. 借记"本年利润"账户，贷记"实收资本"账户

    C. 借记"利润分配——未分配利润"账户，贷记"本年利润"账户

    D. 借记"本年利润"账户，贷记"利润分配——未分配利润"账户

5. 对于股份有限公司溢价发行股票支付给券商的发行费用，正确的处理方法是（ ）。

    A. 从溢价收入中扣除   B. 全部列作开办费

    C. 全部计入长期待摊费用   D. 全部计入管理费用

6. 企业接受货币资金捐赠，应贷记的账户是（ ）。

    A. "资本公积"   B. "营业外收入"   C. "盈余公积"   D. "未分配利润"

7. 公司将面值1 000万元的股票按1 100万元的价格发行，发行费用35万元。则应记入"资本公积——股票溢价"账户的金额为（ ）万元。

    A. 100   B. 65   C. 135   D. 35

8. 投资者以存货出资时，接受投入存货的入账价值为（ ）。

    A. 存货的可变现净值   B. 存货的账面成本

    C. 存货的账面价值   D. 投资协议约定的价值

9. 从数量上看，所有者权益等于（ ）。

    A. 全部资产减去流动负债后的余额   B. 全部资产减去全部负债后的余额

    C. 长期负债减去流动负债后的余额   D. 流动资产减去流动负债后的余额

10. 公司制企业法定盈余公积累计额达到注册资本的一定比例时可以不再提取。该比例

为（　　）。

　　A. 20%　　　　　　　B. 25%　　　　　　　C. 30%　　　　　　　D. 50%

11. 下列各项资产中，不可以作为所有者出资的是（　　）。

　　A. 货币资产　　　　B. 固定资产　　　　C. 租入资产　　　　D. 无形资产

12. 下列各项业务发生时，能引起所有者权益总额变化的是（　　）。

　　A. 以资本公积转增资本　　　　　　　B. 增发新股

　　C. 向股东支付已宣告分派的现金股利　　D. 以盈余公积弥补亏损

13. 2015年1月1日，某公司所有者权益情况如下：实收资本2 000 000元，资本公积170 000元，盈余公积380 000元，未分配利润320 000元。则该公司2015年1月1日留存收益为（　　）元。

　　A. 380 000　　　　B. 320 000　　　　C. 700 000　　　　D. 870 000

14. 所有者权益是指企业投资者对企业（　　）。

　　A. 全部资产的要求权　　　　　　　　B. 全部收益的要求权

　　C. 净资产的要求权　　　　　　　　　D. 净利润的要求权

15. 在所有者权益的构成项目中，作为确定各所有者享有企业权益份额依据的是（　　）。

　　A. 实收资本　　　　B. 资本公积　　　　C. 盈余公积　　　　D. 未分配利润

16. 采用溢价发行股票方式筹集资本，其"股本"账户所登记的金额为（　　）。

　　A. 股票的发行总收入　　　　　　　　B. 股票发行总收入减去付给券商的费用

　　C. 股票面值乘以股份总数　　　　　　D. 股票发行总收入加上付给券商的费用

17. 股份有限公司采用回购本公司股票方式减资，如果原为溢价发行，则收购价高于面值的部分应按以下程序冲减（　　）。

　　A. 资本公积，盈余公积，未分配利润　　B. 未分配利润，盈余公积，资本公积

　　C. 盈余公积，资本公积，未分配利润　　D. 盈余公积，未分配利润，资本公积

18. 下列各选项中，会引起留存收益总额发生变动的是（　　）。

　　A. 用盈余公积转增资本　　　　　　　B. 用盈余公积补亏

　　C. 用资本公积转增资本　　　　　　　D. 用税后利润补亏

19. 没有指定用途的所有者权益项目是（　　）。

　　A. 资本公积　　　　B. 法定盈余公积　　　C. 任意盈余公积　　　D. 未分配利润

20. 下列各选项中，一般不可用于企业亏损弥补的是（　　）。

　　A. 税后利润　　　　B. 资本公积　　　　C. 税前利润　　　　D. 盈余公积

21. 企业现有注册资本2 000万元，法定盈余公积余额1 000万元，则可用于转增企业资本的盈余公积数额为（　　）万元。

　　A. 200　　　　　　B. 400　　　　　　C. 500　　　　　　D. 1 000

22. A公司将本公司发行的部分股票进行回购，回购的股票面值总额100 000元，回购价合计120 000元。该股票原发行时产生资本公积5 000元。公司的盈余公积为20 000元。

因减资将回购股票注销时应借记的盈余公积金额为（　　）元。

　　A. 25 000　　　　　B. 15 000　　　　　C. 20 000　　　　　D. 5 000

23. 2008 年 A 公司经营亏损 660 万元。2009 年至 2013 年，公司共实现利润 600 万元，2014 年实现利润 200 万元，所得税税率为 25%，不考虑其他纳税调整因素。则 2014 年年末，A 公司可供分配的净利润应为（　　）万元。

　　A. 150　　　　　　B. 140　　　　　　C. 105　　　　　　D. 90

24. 下列各选项中，可直接用于转增资本的是（　　）。

　　A. 本年利润　　　　　　　　　　　B. 未分配利润

　　C. 法定盈余公积　　　　　　　　　D. 国家拨入的治污专款

25. 我国现行《公司法》规定，一般情况下，有限责任公司注册资本的最低限额为人民币（　　）万元。

　　A. 3　　　　　　　B. 10　　　　　　C. 30　　　　　　D. 50

26. 有限责任公司经营过程中如有新投资者加入，新加入投资者交纳的出资额大于其在注册资本中所占份额的部分，应记入（　　）账户。

　　A. "实收资本"　　B. "营业外收入"　　C. "资本公积"　　D. "盈余公积"

27. 2015 年年初，某公司"盈余公积"账户余额 150 万元，本年提取盈余公积 200 万元，用盈余公积转增资本 120 万元。2015 年年末，该公司"盈余公积"账户余额应为（　　）万元。

　　A. 70　　　　　　　B. 230　　　　　　C. 270　　　　　　D. 350

28. 企业完成国家拨入的专门用于技术改造、技术研究等的拨款项目后，属于形成资产价值的部分，按规定应转入（　　）。

　　A. 盈余公积　　　　B. 长期应付款　　　C. 资本公积　　　D. 未分配利润

29. 采用权益法核算长期股权投资时，若被投资单位发生除净损益、其他综合收益以及利润分配以外的所有者权益其他变动，其中投资企业按规定享有的份额应记入（　　）账户。

　　A. "资本公积"　　B. "盈余公积"　　C. "投资收益"　　D. "利润分配"

30. 年末结转后，"利润分配"账户的贷方余额表示（　　）。

　　A. 累计利润分配额　　　　　　　　B. 当年实现利润额

　　C. 未分配利润　　　　　　　　　　D. 当年分配利润额

（二）多项选择题

1. 下列各选项中，属于公司制企业所有者权益内容的有（　　）。

　　A. 实收资本　　　B. 资本公积　　　C. 盈余公积　　　D. 其他综合收益

　　E. 未分配利润

2. 股份有限公司的设立方式有（　　）。

　　A. 发行设立　　　B. 募集设立　　　C. 发起设立　　　D. 自行设立

E. 授权设立

3. 下列各选项中，属于股份有限公司股本增加途径的有（　　　）。

　　A. 发行新股　　　　　　　　　　　　B. 通过可转换公司债券转换

　　C. 用未分配利润转增　　　　　　　　D. 由资本公积转增

　　E. 由盈余公积转增

4. 股份有限公司委托证券公司发行股票所支付的发行费用，如果发行股票的溢价款不够抵付或无溢价款的，此时对发行费用核算可能涉及的账户有（　　　）。

　　A. "长期待摊费用"　　　　　　　　　B. "管理费用"

　　C. "资本公积"　　　　　　　　　　　D. "盈余公积"

　　E. "股本"

5. 企业因减资将回购的本公司股票注销时，对于股票的实际回购金额高于面值的差额，正确的处理方法包括（　　　）。

　　A. 计入管理费用　　　　　　　　　　B. 调减资本公积

　　C. 减少盈余公积　　　　　　　　　　D. 减少未分配利润

　　E. 作为长期待摊费用处理

6. 下列各选项中，可能引起盈余公积减少的有（　　　）。

　　A. 用盈余公积对外捐赠　　　　　　　B. 用盈余公积转增资本

　　C. 用盈余公积弥补亏损　　　　　　　D. 用盈余公积购买材料

　　E. 用盈余公积发放奖金

7. 在公司制企业，投资者向企业投入资本的形式主要有（　　　）。

　　A. 货币投资　　　　　　　　　　　　B. 知识产权投资

　　C. 实物投资　　　　　　　　　　　　D. 土地使用权投资

　　E. 劳务投资

8. 下列各选项中，同时引起资产和所有者权益发生增减变化的有（　　　）。

　　A. 将盈余公积转增资本　　　　　　　B. 增发新股

　　C. 用盈余公积弥补亏损　　　　　　　D. 投资者投入资本

　　E. 将资本公积转增资本

9. 下列各选项中，能引起企业实收资本（股本）发生增减变动的有（　　　）。

　　A. 企业原投资者将其所持该企业股权转让给其他投资者

　　B. 企业增资扩股

　　C. 企业减少注册资金

　　D. 企业通过利润分配派发股票股利

　　E. 企业通过利润分配派发现金股利

10. 下列各项业务发生时，不涉及所有者权益变动的有（　　　）。

　　A. 收到应收账款　　　　　　　　　　B. 确认坏账损失

C. 偿还债务　　　　　　　　　　　　D. 支付职工工资

E. 增资扩股

11. 下列各选项中，能引起所有者权益增加的有（　　　）。

A. 接受投资者投入固定资产　　　　　B. 增发新股

C. 用盈余公积弥补亏损　　　　　　　D. 将资本公积转增资本

E. 用税后利润补亏

12. 下列各选项中，影响资本公积的有（　　　）。

A. 股票溢价

B. 接受固定资产捐赠

C. 将自用办公楼改为出租，转换日的公允价值高于办公楼账面价值的差额

D. 期末交易性金融资产公允价值的变动额

E. 期末可供出售金融资产公允价值的变动额

13. 公司制企业盈余公积的一般用途包括（　　　）。

A. 转增资本　　　　　　　　　　　　B. 弥补亏损

C. 向投资者分配利润　　　　　　　　D. 购置固定资产

E. 发放职工奖金

14. 企业实收资本增加的途径主要有（　　　）。

A. 接受投资者投资　　　　　　　　　B. 用盈余公积转增

C. 用资本公积转增　　　　　　　　　D. 接受现金捐赠

E. 向投资者分配利润

15. 下列各选项中，仅影响所有者权益结构变动的项目有（　　　）。

A. 用盈余公积弥补亏损　　　　　　　B. 接受捐赠

C. 发放股票股利　　　　　　　　　　D. 将资本公积转增资本

E. 发放现金股利

16. 企业弥补亏损的来源主要有（　　　）。

A. 用以后年度税前利润弥补　　　　　B. 用以前年度税前利润弥补

C. 用以后年度税后利润弥补　　　　　D. 用盈余公积弥补

E. 用资本公积弥补

17. 下列各选项中，应在"库存股"账户中核算的有（　　　）。

A. 为减资而回购的本公司股份　　　　B. 为奖励职工而收购的本公司股份

C. 转让或注销的库存股　　　　　　　D. 公司发行的股票

E. 进行长期股权投资而购入的股票

18. 下列业务发生后，无需进行专门账务处理的有（　　　）。

A. 用税前利润补亏　　　　　　　　　B. 用税后利润补亏

C. 用盈余公积补亏　　　　　　　　　D. 用资本公积转增资本

E. 用盈余公积转增资本

19. 企业的留存收益包括（　　　）。

    A. 资本公积　　　　　B. 盈余公积　　　　　C. 应付股利　　　　　D. 股本

    E. 未分配利润

20. 下列各选项中，能引起盈余公积总额发生增减变动的有（　　　）。

    A. 用法定盈余公积弥补亏损　　　　　　B. 用法定盈余公积转增资本

    C. 用任意盈余公积弥补亏损　　　　　　D. 用任意盈余公积派发现金股利

    E. 用法定盈余公积派发股票股利

（三）简答题

1. 简述所有者权益的基本特征。

2. 简述不同企业组织形式下所有者权益的构成。

3. 简述公司制企业盈余公积的来源和用途。

4. 简述公司制企业资本公积的内容与用途。

5. 企业实收资本增加的途径有哪些？

（四）业务题

习题一

1. 目的：练习有限责任公司实收资本的核算。

2. 资料：

2014年2月，甲、乙、丙三方（均为一般纳税人，适用增值税税率为17%）共同投资设立A企业，注册资本总额1 500 000元，其中甲占60%、乙与丙各占20%。有关各方投资情况如下：

（1）甲投入现金900 000元，款项已收存银行。

（2）乙以一台机器设备投资，按投资协议约定的价值为256 410元，设备已办理产权转移手续。

（3）丙投入原材料一批，按投资合同约定价值为256 410元，材料已验收入库。

（4）A企业成立2后，经股东会表决通过，决定用资本公积金500 000元和盈余公积金500 000元转增资本，已办妥相关变更注册手续。

（5）A企业成立后的第4年，因经营环境发生重大变化，经股东会表决通过，决定减少其注册资本900 000元。在报经批准并履行必要的公告义务后，A企业以银行存款支付减资款。

3. 要求：根据上述资料，编制A企业有关的会计分录（"实收资本"账户要求写出明细账户）。

习题二

1. 目的：练习所有者权益的核算。

2. 资料：

某股份有限公司 2014 年 12 月初所有者权益资料如下：

核定注册资本	10 000 000 元
普通股股本（面值 20 元，发行在外 50 万股）	10 000 000 元
资本公积	7 500 000 元
盈余公积——法定盈余公积	5 000 000 元
盈余公积——任意盈余公积	2 000 000 元
未分配利润	400 000 元

该公司 12 月份发生下列部分业务：

（1）公司持有的可供出售金融资产期末增值 500 000 元。

（2）结转全年税后利润 1 600 000 元。

（3）分别按税后利润的 10%、5% 提取法定盈余公积与任意盈余公积。

（4）董事会宣告分派现金股利，每股 1 元。

（5）董事会宣告分派股票股利，每 10 股普通股赠送红股 1 股（股票股利采用面值计价）。

（6）以银行存款支付现金股利。

3. 要求：

（1）编制上述业务的会计分录。

（2）计算 2014 年年末该公司各项所有者权益的数额。

习题三

1. 目的：练习库存股的核算。

2. 资料：甲公司 2013 年 12 月 31 日的股本为 20 000 万股、每股面值 1 元，资本公积（股本溢价）5 000 万元，盈余公积 3 000 万元。经股东大会批准，甲公司以现金回购本公司股票 3 000 万股并注销。

3. 要求：分别按下列情况编制回购股票和注销股票的会计分录。

（1）假定每股回购价为 0.8 元。

（2）假定每股回购价为 2 元。

（3）假定每股回购价为 3 元。

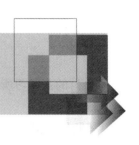

第十二章
收入、费用与利润

一、内容提要

收入、费用、利润是反映企业经营成果的要素。本章主要阐释企业商品销售收入的确认，营业成本、期间费用的确认与计量，净利润的分配程序，以及上述各项内容的核算。除收入确认、特殊销售业务的账务处理以及所得税费用外，本章更多的是进行归纳和总结，以便学生对企业收入、费用、利润及其分配有整体认识，为编制财务报表提供知识准备。本章的难点是特殊销售业务的核算及所得税的核算。

二、重点、难点问题解析

（一）收入、费用的含义

学习收入、费用的核算，当然首先应理解两者的含义。收入既是一个会计要素，也是形成企业利润的主要来源。对收入的界定，有广义、狭义之分。作为会计要素的收入，仅指狭义的内容，我国将其定义为"企业在日常活动中形成的、会导致所有者权益增加的、与所有者投入资本无关的经济利益的总流入"；具体指企业的营业收入，包括主营业务收入与其他业务收入。广义的收入内容比较宽泛，除收入要素内容外，还包括公允价值变动净损益与利得。

费用是与收入相对的一个概念，其含义也有广义、狭义之分。作为会计要素的费用是狭义的，我国将其定义为"企业在日常活动中发生的、会导致所有者权益减少的、与向所有者分配利润无关的经济利益的总流出"；具体内容包括营业成本、各项期间费用等。而作为利润的扣减内容或会计等式"收入 – 费用 = 利润"中的费用，则属于广义范畴，除狭义费用所包含的内容外，还包括营业外支出等。

（二）销售商品收入的确认

企业属于营利性组织，通过日常活动实现盈利目的。不同企业的日常活动有差异，常见的是工业企业制造并销售产品、商业企业转卖商品、建筑企业提供长期劳务、金融企业提供信贷服务等，从而导致收入的内容及其实现有差异。本章以工商企业为例，阐释商品销售收入的确认。

会计确认需要遵循一定的标准。具体到销售商品来说，根据实现原则及会计确认的基本条件，我国规定了商品销售收入实现的五个条件，并要求同时具备。学习时，应结合主教材的阐释，理解这些条件的具体要求。这五个条件是：

（1）企业已将商品所有权上的主要风险和报酬转移给购货方。

（2）企业既没有保留通常与所有权相联系的继续管理权，也没有对已售出的商品实施控制。

（3）收入的金额能够可靠地计量。

（4）相关的经济利益很可能流入企业。

（5）相关的已发生或将发生的成本能够可靠地计量。

（三）费用的确认

合理确认费用对于如实反映企业的财务状况和经营成果具有重要意义。根据费用与收入之间的相互关系，费用确认应遵循三条原则，即划分资本性支出与收益性支出原则、权责发生制原则、配比原则。三者的关系是：划分收益性支出与资本性支出原则，为费用的确认作出时间上的大致区分；权责发生制原则规定了具体在什么时点确认费用；配比原则在本期费用确认的基础上，进一步正确确认企业本期损益。

根据配比原则确认本期费用，具体可按三项规则进行：

（1）联系因果关系确认费用，如营业成本。

（2）合理与系统地分配费用，如固定资产折旧、无形资产摊销等。

（3）于发生时立即确认费用，如员工薪酬等。

一般来说，对构成营业成本的各项费用，因与其收入存在明显的因果关系，企业可以采用直接配比的方法，在收入成立时，直接计算并结转销售成本。对于期间费用，因其与收入无直接因果关系可循，又无预期未来经济利益可作为分配依据，从谨慎性原则出发并考虑简化核算，它们只与所发生的会计期间配比，于发生时立即确认为当期费用，计入当期损益。

（四）主营业务收入和主营业务成本的核算

1. 现销与赊销

现销的核算非常简单。赊销的核算应注意附现金折扣销售的情况：采用总价法核算，所发生现金折扣支出作为企业的理财费用——财务费用处理。不论现销或赊销，如遇销货退回，应根据当时销货时是否确认收入而进行不同的退货处理：对于未确认收入的销货退回，企业收到退货时，只需增加"库存商品"并减少"发出商品"；已确认收入并结转成本的销货退回，应退还货款或冲减应收账款，同时冲减主营业务收入、增值税销项税额以及主营业务成本等记录。属于资产负债表日后事项的退货，企业应按资产负债表日后事项处理。

2. 分期收款销售

分期收款销售是指商品一次交付、货款分期收回的一种销售方式。其特点是所售商品价值较大，收款期较长（通常超过 3 年），货款收回的风险比较大。在实施企业会计准则（2006）之前，我国对分期收款销售一直按合同规定的收款日期与金额分期确认商品销售收入与成本。分期收款销售的实质是销货方向购货方提供免息的信贷，对这种融资性质的销售业务，我国 2006 年发布的《企业会计准则第 14 号——收入》规定：收入金额按照合同或协议规定的应收金额的公允价值（一般为商品现销价格）确定；应收金额与其公允价值的差额，在合同或协议期内，按照应收款项的摊余成本与实际利率进行摊销，冲减当期财务费用。在采用实际利率摊销与直线法摊销结果相差不大的情况下，应收金额与其公允价值的差额可采用直线法摊销，以简化核算。

（五）所得税费用

所得税是企业根据纳税所得额及相应税率向国家交纳的税金。与其他税种不同，所得税依据企业的纳税所得额计征，并作为费用以企业的收益（利润）补偿。

1. 所得税费用核算的一般程序

我国企业现行所得税费用的核算采用资产负债表债务法，企业应于每一资产负债表日进行所得税费用的核算。其一般程序如下：

（1）确定资产负债表中除递延所得税资产和递延所得税负债以外的其他资产和负债项目的账面价值。资产、负债项目的账面价值，具体指企业按照相关会计准则的规定进行核算后在资产负债表中列示的期末金额。

（2）按照资产和负债项目计税基础的确定方法，以适用税法为基础，确定资产负债表中有关资产、负债项目的计税基础。

（3）比较资产、负债项目的账面价值与计税基础。对两者之间存在的差异，按性质分别确认为应纳税暂时性差异与可抵扣暂时性差异。在此基础上，确定本资产负债表日与暂时性差异相关的递延所得税负债或递延所得税资产的余额。

递延所得税资产 = 可抵扣暂时性差异 × 预计转回期间的所得税税率

递延所得税负债 = 应纳税暂时性差异 × 预计转回期间的所得税税率

（4）将会计利润调整为纳税所得额，并据此计算确定当期的应交所得税。

当期应交所得税 = 当期纳税所得额 × 所得税税率

（5）确定当期利润表中的所得税费用。

当期所得税费用 = 当期应交所得税 + 递延所得税

　　　　　　　 = 当期应交所得税 – 递延所得税资产本期增加额 +

　　　　　　　　　递延所得税负债本期增加额

　　　　　　　 = 当期应交所得税 + （递延所得税负债期末余额 – 递延所得税负债期初余额）–（递延所得税资产期末余额 – 递延所得税资产期初余额）

这里的难点有两个：一是如何正确确定资产、负债项目的计税基础与暂时性差异，进而确定递延所得税资产或负债；二是如何将会计利润调整为纳税所得。

2. 资产、负债项目的暂时性差异

暂时性差异是指资产、负债项目的账面价值与其计税基础之间的差异。计税基础是从纳税角度考虑的一个概念，是假设企业按照税法规定进行核算所提供的资产负债表中资产、负债项目期末应有的金额。具体来说，资产的计税基础是指资产在未来使用期间计算纳税所得额时按照税法规定可从中抵扣的金额；负债的计税基础是指期末负债项目的账面价值与减去未来清偿期间计算纳税所得额时可在税前抵扣的金额后的差额。

$$\begin{matrix} 资产、负债项目 \\ 的暂时性差异 \end{matrix} = \begin{pmatrix} 资产、负债各自 \\ 的账面价值 \end{pmatrix} - \begin{pmatrix} 资产、负债各自 \\ 的计税基础 \end{pmatrix}$$

按性质不同，暂时性差异分为可抵扣暂时性差异和应纳税暂时性差异两种。就资产项目而言，上式计算的结果若为正数，差额为应纳税暂时性差异；上式计算的结果若为负数，差额则为可抵扣暂时性差异。负债项目则相反：正数差额为可抵扣暂时性差异，负数差额为应纳税暂时性差异。应结合主教材举例，理解主要资产、负债项目的计税基础与暂时性差异。

3. 会计利润与应纳税所得额

会计、税法的目的不同，各自对资产、负债、收益、费用等的确认口径、计量标准以及入账时间等存在差异。计算应交所得税，当然应以所得税法的规定为依据确认应税收入及可扣除费用，两者的差额即为纳税所得额。现行实务中，一般是在当期会计利润的基础上，根据税法的规定进行相应调整，确定当期纳税所得额，再计算当期应交所得税。

在会计利润与纳税所得的差异中，有一些"特殊"的暂时性差异。之所以说它"特殊"，是因为这些项目所对应的资产或负债的账面价值与计税基础相等，暂时性差异总是为零。所得税核算采用的纳税影响会计法称为"永久性差异"，它是由于会计准则或制度与税法在确认收益、费用或损失时的口径及计量标准不同而产生的会计利润与纳税所得之间的差额。例如，企业因违反法律、行政法规而交付的罚款、滞纳金，超支的业务招待费等。这些差异在本期发生、不会在以后各期转回。

这里，应结合主教材内容，掌握暂时性差异的主要内容，熟悉将会计利润调整为纳税所得的具体操作。

（六）营业外收入与营业外支出

营业外收入是指与企业生产经营活动无直接关系的各项利得，包括处置固定资产或无形资产的净收益、债务重组利得、政府补助、盘盈利得、接受捐赠利得等。

营业外支出是指企业发生的与其生产经营无直接关系的各项支出，包括固定资产盘亏、处置固定资产或无形资产的净损失、债权重组损失、罚款支出、对外捐赠支出和非常损失等。

（七）利润合成的核算

构成利润的收入与费用，企业平时通过确认、计量，在相应的收入类、费用类账户中进行了记录。但这些记录比较分散，如何将其集中起来，以直观地反映企业最终的经营成果——盈或亏，则涉及利润的合成。会计上利润的合成方法有表结法和账结法两种。

1. 表结法

表结法是指企业在年终决算以外的各会计期末，将全部收入类、费用类账户的本期净发生额及余额按利润表的填制要求，填入利润表的各项目中，在利润表中计算出本期利润和本年累计利润的方法。企业年内可采用这种方法计算利润，期末不需要将收入类、费用类账户的本期净发生额及余额转入"本年利润"账户，因而平时各收入类、费用类账户有期末余额，反映自年初至本月末止的本年累计发生额。

2. 账结法

账结法是指企业在期末将全部收入类、费用类账户（除"以前年度损益调整"外）的本期净发生额全部转入"本年利润"账户，通过"本年利润"账户结出当期利润和本年累计利润的方法。采用账结法结算利润的企业，收入类、费用类账户期末均无余额。采用账结法结算利润，需要专门编制结转收支的会计分录。年终决算必须采用账结法计算利润。

采用账结法时，结转收支的账户对应关系如图 12-1 所示。

（八）利润分配与亏损弥补

利润分配是指对企业当年税后利润的分配，即将实现的净利润（包括本年净利润与以前年度积累的未分配利润）按国家有关规定和公司章程，向各方利益人进行分配的过程。

企业的利润分配一般按以下程序进行：提取法定公积金；提取任意盈余公积；向投资者分配利润或股利。盈余公积的提取金额，以当年实现的净利润及规定的比例计算确定；向投资者分配的现金股利，以当年的可供分配利润为基础，具体分配比例由董事会决定。企业若有以前年度发生的、尚未弥补的亏损，则本年度实现的利润应先补亏，余额再按规定进行分配。

在我国，企业亏损弥补的途径一般有三种：① 用以后年度的税前利润弥补，具体从亏损发生后的第一个盈利年度计算，连续弥补期限不得超过 5 年。② 用以后年度的税后利润弥补。这是指企业亏损超过了规定的税前利润弥补期限，其未弥补完的金额可用税后利润弥补。③ 用盈余公积弥补。其实，亏损弥补的这三种途径主要与计算应交所得税时的纳税所得额相关，会计上并不一定按上述顺序进行补亏。尤其遇有未弥补亏损但企业又需向投资者分配利润的情况，企业应先用公积金将全部亏损补上，之后方可按规定进行利润分配。应该注意：以前年度亏损未弥补完之前，不得提取法定公积金；未提取法定公积金前，不得向投资者分配利润。

盈利企业利润分配核算及年终利润结转的账户对应关系如图 12-2 所示，企业亏损弥补核算的账户对应关系如图 12-3 所示。年终结转后，除"盈余公积""应付股利""利润分配——未分配利润"账户外，其他账户均无余额。"利润分配——未分配利润"账户的贷方余额表示年末未分配利润，借方余额则表示年末未弥补亏损。

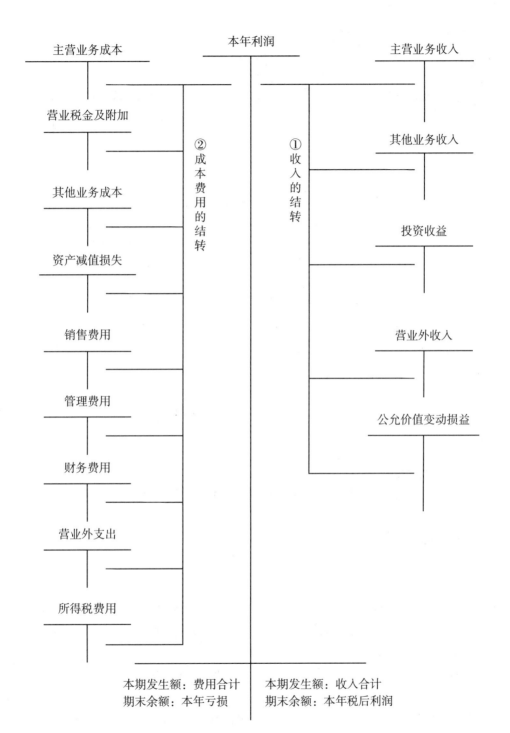

图 12-1 利润合成账结法核算的账户对应关系

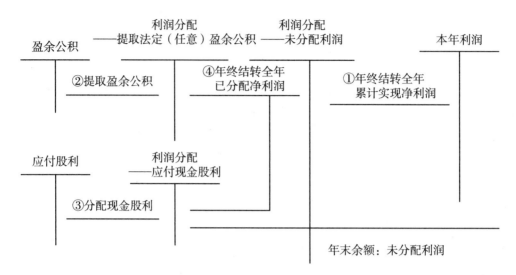

图 12 – 2　盈利企业利润分配核算及年终结转的账户对应关系

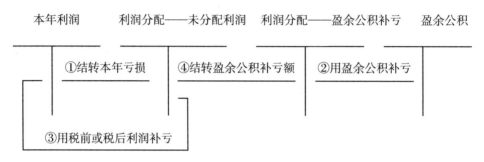

图 12 – 3　企业亏损弥补核算的账户对应关系

三、综合练习题

（一）单项选择题

1. 商业企业临时出租办公大楼收取的租金，会计上应确认为（　　）。

　　A. 主营业务收入　　B. 其他业务收入　　C. 投资收益　　　　　D. 营业外收入

2. 下列各选项中，不属于收入要素内容的是（　　）。

　　A. 投资性房地产取得的租金收入　　　　B. 出售多余原材料的收入

　　C. 商品销售收入　　　　　　　　　　　D. 出售固定资产的净收入

3. 甲商品单位售价 440 元，公司规定：若顾客购买 200 件及以上可得到 40 元的商业折扣；同时规定的现金折扣条件为 2/10、1/20、n/30。甲商品适用的增值税税率为 17%（计算现金折扣时考虑增值税）。2015 年 2 月 8 日某顾客购买该产品 200 件，并于 2 月 24 日支付全部货款。对现金折扣采用总价法核算，则公司销售该批甲商品实际收到的货款应为

（　　）元。

    A. 936　　　　　　B. 92 664　　　　　C. 93 600　　　　　D. 102 960

4. 我国现行会计实务中，对所发生的销售折让，会计处理方法是（　　）。

    A. 直接冲减折让发生当期的销售收入　　　B. 作为资产减值损失处理

    C. 增加折让发生当期的销售成本　　　　　D. 增加销售费用

5. 企业经营业务发生的下列税金中，不可在"营业税金及附加"账户中核算的是（　　）。

    A. 增值税　　　　　　　　　　　　　　　B. 消费税

    C. 营业税　　　　　　　　　　　　　　　D. 城市维护建设税

6. 2006 年我国发布的《企业会计准则第 18 号——所得税》，规定企业所得税的会计处理应采用的方法是（　　）。

    A. 应付税款法　　　　　　　　　　　　　B. 递延法

    C. 资产负债表债务法　　　　　　　　　　D. 损益表债务法

7. 下列各选项中，不应作为营业外支出核算的是（　　）。

    A. 债务重组损失　　　　　　　　　　　　B. 罚款支出

    C. 处置固定资产净损失　　　　　　　　　D. 存货跌价损失

8. 2012 年年末，某公司固定资产账面价值 50 万元，计税基础 45 万元。从性质上看，本期末该项资产产生（　　）。

    A. 应纳税暂时性差异 5 万元　　　　　　　B. 可抵扣暂时性差异 5 万元

    C. 永久性差异 5 万元　　　　　　　　　　D. 暂时性差异 5 万元

9. 2014 年 11 月 6 日 A 公司发给甲企业商品 1 000 件，增值税专用发票注明价款 100 000 元，增值税 17 000 元；A 公司代垫运杂费 2 000 元；该批商品的成本为 85 000 元。在向银行办妥手续后得知甲企业资金周转十分困难，A 公司决定本月不确认该笔收入。下列相关会计处理中，不正确的是（　　）。

    A. 借：发出商品　　　　　85 000　　　　　B. 借：应收账款　　　　　2 000

          贷：库存商品　　　85 000　　　　　　　　贷：银行存款　　　　　2 000

    C. 借：应收账款　　　　　85 000　　　　　D. 借：应收账款　　　　　17 000

          贷：主营业务成本 85 000　　　　　　　　贷：应交税费——应交增值税

                         （销项税额）　　17 000

10. 关于分期收款销售商品，收入的入账金额为（　　）。

    A. 各期平均收款金额

    B. 合同或协议规定的应收金额的公允价值

    C. 销货发票上列示的总额

    D. 合同或协议规定的应收金额总额

11. 企业销售的商品在质量方面不符合合同规定要求，企业又未根据正当的保护条款予以弥补，因而仍负有责任。在这种情况下，确认该商品销售收入的时点应为（　　）。

A. 发出商品时　　　　　　　　　　　　B. 开出销货发票时

C. 收到商品销售货款时　　　　　　　　D. 按买方要求进行了弥补时

12. 企业对外销售需要安装的电梯，且该安装和检验属于销售合同的重要组成部分，则确认电梯销售收入的时间是（　　　　）。

A. 发出电梯时　　　　　　　　　　　　B. 电梯安装完毕时

C. 电梯安装完毕且检验合格时　　　　　D. 收到销售货款时

13. H 公司 5 月的销售情况如下：① 现款销售 10 台、总售价 100 000 元（不含增值税，下同）；② 附有退货条件的销售 2 台、总售价 23 000 元，退货期 3 个月，退货的可能性难以估计。销售商品的增值税税率均为 17%。据此，H 公司本月应确认的销售收入为（　　　　）元。

A. 100 000　　　　B. 117 000　　　　C. 123 000　　　　D. 143 910

14. 一台设备原值 100 万元，累计折旧 30 万元已在当期和以前期间抵扣，未计提减值准备。假定税法折旧与会计折旧相等，此时该项设备的计税基础为（　　　　）万元。

A. 100　　　　　　B. 30　　　　　　C. 70　　　　　　D. 0

15. 本期预收货款 30 万元，下月末交货。则本月末该项负债的计税基础为（　　　　）万元。

A. 0　　　　　　　B. 30　　　　　　C. 60　　　　　　D. 无法确定

16. 下列各选项中，应作为营业外支出核算的是（　　　　）。

A. 计提的存货跌价准备　　　　　　　　B. 发生的债务重组损失

C. 无形资产研发过程中发生的支出　　　D. 支付的诉讼费用

17. 对附有销售退回条件的商品销售，如果企业不能合理地估计退货的可能性，则其应在售出商品的退货期满时再确认收入。在此之前收到的货款，其核算账户为（　　　　）。

A. "应收账款"　　　B. "应付账款"　　　C. "预收账款"　　　D. "预付账款"

18. 分期收款销售商品的应收金额与其公允价值的差额应在合同期内分摊。对各期分摊的金额，会计处理方法是（　　　　）。

A. 增加销售成本　　　B. 减少管理费用　　　C. 增加销售收入　　　D. 减少财务费用

19. 2014 年年末，甲存货成本 20 万元，计提跌价准备 2 万元。此时该项存货的计税基础为（　　　　）万元。

A. 0　　　　　　　B. 2　　　　　　　C. 18　　　　　　D. 20

20. 2013 年度乙公司实现利润 200 万元。经查，本年确认的收支中，有购买国债确认的利息收入 5 万元，交易性金融资产发生公允价值变动净收益 6 万元，税款滞纳金 5 000 元。据此计算，乙公司 2013 年度的纳税所得额应为（　　　　）万元。

A. 189.50　　　　B. 199.50　　　　C. 201.50　　　　D. 211.50

21. 2012 年年末 H 公司的预计负债中，有年末预计的商品售后服务费 15 万元。但税法规定该项支出在实际发生时准予扣除。2012 年年末该项预计负债的计税基础为（　　　　）万元。

A. 15　　　　　　B. 0　　　　　　C. 30　　　　　　D. 无法确定

22. 下列各选项中，不可用于弥补企业亏损的是（　　　）。

　　A. 税前利润　　　B. 税后利润　　　C. 盈余公积　　　D. 资本公积

23. 2012 年 B 公司因进行债务担保，于当年确认预计负债 50 万元。但税法规定债务担保支出不得在税前列支。则本年由此产生的暂时性差异为（　　　）。

　　A. 可抵扣暂时性差异 50 万元　　　　　　B. 0

　　C. 应纳税暂时性差异 50 万元　　　　　　D. 不确定

24. A 企业 2013 年年末购入一台设备，原价 100 万元，预计使用 5 年，无残值。A 企业采用直线法计提折旧，税法规定用双倍余额递减法计提折旧。则 A 企业 2014 年年末该设备产生的暂时性差异为（　　　）。

　　A. 应纳税暂时性差异 20 万元　　　　　　B. 可抵扣暂时性差异 20 万元

　　C. 应纳税暂时性差异 80 万元　　　　　　D. 可抵扣暂时性差异 60 万元

25. A 企业 2013 年年末购入一台设备，原价 100 万元，预计使用 5 年，无残值。A 企业采用直线法计提折旧，税法规定用双倍余额递减法计提折旧。企业所得税税率为 25%。则 A 企业 2014 年年末因此确认（　　　）。

　　A. 递延所得税资产 5 万元　　　　　　　B. 递延所得税负债 5 万元

　　C. 递延所得税资产 20 万元　　　　　　D. 递延所得税负债 20 万元

26. M 公司的所得税税率为 25%。2014 年度企业实现税前利润总额 1 100 000 元，年末确认应纳税暂时性差异 10 000 元，当年应交所得税 260 000 元，年初递延所得税账户没有余额。则 2014 年度 M 公司的所得税费用应为（　　　）元。

　　A. 257 500　　　B. 260 000　　　C. 262 500　　　D. 285 000

27. 2013 年年初，某企业购入一批股票作为交易性金融资产核算和管理，成本 30 万元，年末公允价值为 40 万元。企业所得税税率为 25%。则该项资产价值变动对该企业本年所得税费用的影响金额为（　　　）。

　　A. 减少本年所得税费用 25 000 元　　　　B. 增加本年所得税费用 25 000 元

　　C. 减少本期所得税费用 75 000 元　　　　D. 增加本期所得税费用 100 000 元

28. 下列项目中，可在税前会计利润中扣除、但不允许从纳税所得额中扣除的是（　　　）。

　　A. 固定资产报废净损失　　　　　　　　B. 债务重组损失

　　C. 火灾造成的存货损失　　　　　　　　D. 计提的长期股权投资减值损失

29. 2014 年年初，某企业购入一批股票作为可供出售金融资产核算和管理，成本 50 万元，年末公允价值为 60 万元。企业所得税税率为 25%。则 2014 年年末对该项资产所得税的会计处理为（　　　）。

　　A. 借：其他综合收益　　　 25 000　　B. 借：所得税费用　　　 25 000

　　　　　贷：递延所得税负债　 25 000　　　　　贷：递延所得税负债 25 000

　　C. 借：递延所得税资产　　25 000　　　　D. 借：递延所得税负债 25 000

　　　　贷：资本公积　　　　　25 000　　　　　　贷：所得税费用　　25 000

　　30. 对于企业在资产负债表日与财务报告批准报出日之间发生的报告年度已确认收入的销货退回，正确的会计处理方法为（　　　）。

　　　　A. 作为资产负债表日后事项，通过"以前年度损益调整"账户核算

　　　　B. 作为资产负债表日后非调整事项，在报表附注中披露

　　　　C. 直接冲减退货发生当期的主营业务收入与成本

　　　　D. 直接调减年初未分配利润

（二）多项选择题

　　1. 下列各选项中，通过"管理费用"账户核算的有（　　　）。

　　　　A. 车船税　　　　　　　　　　　B. 业务招待费

　　　　C. 诉讼费　　　　　　　　　　　D. 专有技术的研究费用

　　　　E. 购进存货运输途中发生的合理损失

　　2. 下列各选项中，需要通过"利润分配"账户进行核算的有（　　　）。

　　　　A. 用税前利润补亏　　　　　　　B. 向投资者分配现金股利

　　　　C. 应交所得税　　　　　　　　　D. 提取法定盈余公积

　　　　E. 提取任意盈余公积

　　3. 下列各选项中，影响企业营业利润的有（　　　）。

　　　　A. 销售费用　　　B. 管理费用　　　C. 投资收益　　　D. 所得税费用

　　　　E. 公允价值变动损益

　　4. 按照我国会计准则的相关规定，下列各项中不可确认商品销售收入的有（　　　）。

　　　　A. 有规定退货期，无法估计退货可能性且退货期未满的商品销售

　　　　B. 分期收款销售的最后一期收款

　　　　C. 售后回购发出的商品

　　　　D. 预收货款方式销售发出的商品

　　　　E. 卖方对商品质量问题仍负责任的商品销售

　　5. 下列账户中，年末结转后应无余额的有（　　　）。

　　　　A. "利润分配"　　　　　　　　　B. "主营业务收入"

　　　　C. "本年利润"　　　　　　　　　D. "公允价值变动损益"

　　　　E. "资产减值损失"

　　6. 下列各项费用应作为销售费用列支的有（　　　）。

　　　　A. 业务招待费　　　　　　　　　B. 广告费

　　　　C. 产品展览费　　　　　　　　　D. 计提的存货减值损失

　　　　E. 金融机构手续费

7. 企业因开展除主营业务活动以外的其他经营活动所发生的支出，应通过"其他业务成本"账户核算。其对应的贷方账户可能包括（ ）。

 A. "周转材料" B. "投资性房地产累计折旧"

 C. "投资性房地产累计摊销" D. "应交税费"

 E. "库存商品"

8. 下列负债项目中，其账面价值与计税基础不会产生差异的有（ ）。

 A. 短期借款 B. 应付票据 C. 应付账款 D. 预计负债

 E. 应交税费

9. 下列各选项中，应作为企业营业外收入核算的有（ ）。

 A. 债务重组收入 B. 罚没利得

 C. 接受现金捐赠收入 D. 办公大楼的出租收入

 E. 专利权的出租收入

10. 下列经济业务或事项中，一定产生可抵扣暂时性差异的有（ ）。

 A. 预提产品保修费用

 B. 计提存货跌价准备

 C. 年初购入的交易性金融资产发生公允价值变动损失

 D. 年初投入使用的固定资产的会计折旧额小于税法折旧额

 E. 采用公允价值模式计量的投资性房地产，其年末的公允价值上涨

11. 企业本期确认的下列各项收入中，计算纳税所得额时按税法规定应予调整的有（ ）。

 A. 国债的利息收入 B. 接受捐赠收入

 C. 债务重组收入 D. 公允价值变动收益

 E. 投资企业的所得税税率大于被投资单位的所得税税率时，长期股权投资采用权益法确认的投资收益

12. 关于递延所得税资产、负债的确认与计量，下列说法正确的有（ ）。

 A. 递延所得税资产的确认应以未来期间可能取得的纳税所得额为限

 B. 按照税法规定可用以后年度利润弥补的亏损，按可抵扣暂时性差异的原则处理

 C. 与直接计入所有者权益的交易或事项相关的当期所得税及递延所得税应计入资本公积

 D. 与直接计入所有者权益的交易或事项相关的当期所得税及递延所得税应计入盈余公积

 E. 递延所得税资产、负债的计量不要求折现

13. 下列业务发生时，不需要单独进行账务处理的有（ ）。

 A. 用税前利润补亏 B. 用税后利润补亏

 C. 用盈余公积补亏 D. 用资本公积转增资本

 E. 用盈余公积转增资本

14. 根据我国《企业会计准则第18号——所得税》的规定，下列表述正确的有（　　）。
　　A. 资产的计税基础是指企业在收回资产账面价值的过程中，计算纳税所得额时按照税法规定可从应税经济利益中抵扣的金额
　　B. 负债的计税基础是指期末负债的账面价值与减去未来期间计算纳税所得额时可在税前抵扣的金额后的差额
　　C. 一般情况下，负债确认与偿还不会对当期损益与纳税所得产生影响，其计税基础即为账面价值
　　D. 一般情况下，资产取得时其账面价值与计税基础是相同的，后续计量中会因会计准则与税法的规定不同而产生差异
　　E. 资产或负债的账面价值大于其计税基础时，均产生可抵扣暂时性差异

15. 下列有关暂时性差异的表述中，正确的有（　　）。
　　A. 暂时性差异分为可抵扣暂时性差异与应纳税暂时性差异两种
　　B. 暂时性差异是指资产账面价值与其计税基础之间的差额
　　C. 未作为资产或负债确认的项目，暂时性差异为零
　　D. 可抵扣暂时性差异形成递延所得税负债
　　E. 应纳税暂时性差异形成递延所得税资产

（三）简答题

1. 商品销售收入的确认条件有哪些？
2. 什么是暂时性差异？试举例说明。
3. 什么是永久性差异？试举例说明。
4. 什么是资产的计税基础？试举例说明。
5. 什么是负债的计税基础？试举例说明。
6. 企业发生亏损应如何弥补？
7. 简述企业利润分配的一般程序。

（四）业务题

习题一

1. 目的：练习销售业务的核算。
2. 资料：甲公司为一般纳税人，适用增值税税率17%。5月份发生以下经济业务：
　（1）销售产品200件，每件售价（不含税，下同）320元，成本200元，已将提货单和发票账单交给购货单位，并收到购货单位转账支票存入银行。
　（2）采用托收承付结算方式向外地销售一批产品，售价总额为50 000元，产品成本为35 000元，代垫运杂费1 600元，已办妥托收手续。

（3）销售产品一批，售价 600 000 元，同时规定的现金折扣条件为 2/10、1/20、n/30；该批产品成本为售价的 70%。开出发票的第 12 天，购货方按规定支付了货款。

（4）上年度售出的产品因质量问题发生退货，产品售价 15 000 元、增值税 2 550 元，成本为售价的 70%，退回产品已经入库。公司已开出支票，退还货款。

（5）开出转账支票支付广告费 5 600 元。

（6）销售产品一批，总售价 150 000 元，总成本 90 000 元，增值税发票已开出。合同约定：自发票日 10 天内购货方应支付全部货款，20 天内有权退货。销售时甲公司无法根据经验估计退货率。购货方已按规定付款，退货期满未发生退货情况。

（7）向南方水灾区捐款 50 000 元，已用银行存款支付。

（8）本月应交城市维护建设税 8 900 元、应交教育费附加 3 000 元。

3. 要求：根据上述资料，编制有关会计分录。

习题二

1. 目的：练习分期收款方式销售的核算。

2. 资料：2013 年 1 月 2 日乙公司采用分期收款方式销售大型设备，合同价款为 1 500 万元；如购货方在销售成立日立即付现，则只需支付 1 200 万元。按照约定合同价款分 5 年于每年年末平均收取。设备已经发出，乙公司已开出增值税专用发票，购货方已支付增值税款 255 万元；设备成本为 900 万元。

3. 要求：

（1）编制乙公司发出商品的会计分录。

（2）编制乙公司分期收款销售未实现融资收益摊销表。

（3）编制乙公司 2013 年年末收款并摊销未实现融资收益的会计分录。

习题三

1. 目的：练习所得税的核算。

2. 资料：A 企业采用资产负债表债务法核算所得税，2012 年年初递延所得税为 0，当年实现利润 900 万元。

其他有关资料如下：

（1）本年确认国债利息收入 6 万元。

（2）年初购入一批存货，成本 100 万元，年末计提减值损失 8 万元（"存货跌价准备"账户年初余额为 0）。

（3）企业对经营所造成的环境污染整治不力，被罚款 5 万元。对该笔罚款企业已按规定付款并入账。

（4）年末计提产品售后服务费 10 万元。

企业所得税税率为 25%，本年内无其他纳税调整因素。

3. 要求：

（1）计算 A 企业 2012 年的纳税所得额、应交所得税、递延所得税资产或递延所得税负债、所得税费用。

（2）编制 A 企业 2012 年度应交所得税的会计分录。

习题四

1. 目的：练习所得税的核算。

2. 资料：A 公司的所得税采用资产负债表债务法核算。2010 年年底购入价值 200 万元的设备并投入使用，预计使用 5 年，无残值。公司采用直线法计提折旧，税法允许采用双倍余额递减法计提折旧。公司所得税税率为 25%，各年的利润总额均为 1 000 万元。

3. 要求：

（1）计算有关所得税核算的指标并填入表 12 – 1 中。

表 12 – 1　递延所得税与所得税费用计算表　　　　　　　单位：元

项　　目		2011 年	2012 年	2013 年	2014 年	2015 年
会计折旧						
税法折旧						
账面价值						
计税基础						
期末应纳税暂时性差异						
纳税所得额						
应交所得税						
递延所得税资产或负债	期初余额					
	期末余额					
	本期增加（减少）					
所得税费用						

（2）根据表 12 – 1，编制 A 公司 2011—2015 年各年年末应交所得税的会计分录。

习题五

1. 目的：练习利润分配的核算。

2. 资料：

甲公司 2012 至 2014 年度有关资料如下：

（1）2012 年 1 月 1 日，公司股东权益总额为 46 500 万元（其中，股本总额为 10 000 万股，每股面值为 1 元；资本公积为 30 000 万元；盈余公积为 6 000 万元；未分配利润为 500 万元）。2012 年度实现净利润 400 万元，股本项目与资本公积项目未发生变化。

2013 年 3 月 1 日，董事会提出如下预案：

① 按 2012 年度实现净利润的 10% 提取法定盈余公积。

② 以 2012 年 12 月 31 日的股本总额为基数，以资本公积（股本溢价）转增股本，每 10 股转增 4 股，计 4 000 万股。

2013 年 5 月 5 日，公司召开股东大会，审议批准了董事会提出的预案，同时决定分派现金股利 300 万元。2013 年 6 月 10 日，甲公司办妥了上述资本公积转增股本的有关手续。

（2）2013 年度，公司发生亏损 760 万元。

（3）2014 年 5 月 9 日，公司股东大会批准以法定盈余公积弥补账面亏损 200 万元。

3. 要求：

（1）将 2012 年度实现的净利润结转至"利润分配"账户。

（2）对 2012 年度的利润分配编制会计分录。

（3）结转 2013 年度发生的亏损。

（4）编制 2014 年 5 月 9 日用盈余公积补亏的会计分录。

（"利润分配"账户要求写出明细账户。）

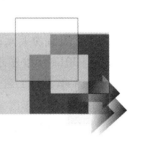

第十三章
会计调整

一、内容提要

会计调整是指企业按照国家法律、行政法规和会计准则的要求，或者因企业经营管理环境的变化对企业原有会计政策、会计估计进行变更，以及对发现的会计差错进行更正或对资产负债表日后事项做出处理。这是企业期末账项调整的主要内容。本章对上述会计调整内容分别进行阐释。

二、重点、难点问题解析

（一）会计政策及其内容

会计政策是指企业在会计确认、计量和报告中所采用的原则、基础和会计处理方法。我们知道，为了规范企业的会计核算，更好地实现会计目标，国家制定了相应的会计规范。其中对会计信息生成影响最直接的是会计核算的基础、一般原则及具体的会计处理方法。从国家角度来看，它是指导企业进行会计核算的基础；从企业角度来看，它是企业进行会计核算、提供会计信息的行为准则，故称会计政策。企业会计政策的确定过程实际上是依据国家的会计规范以及企业的具体情况对会计核算原则、基础和具体会计处理方法进行确定或选择的过程，称为会计政策选择。会计政策之所以能进行选择，是因为国家在制定会计准则时，既要强调权威性、统一性，同时又要考虑灵活性，给会计政策留有一定的弹性空间，会计人员则根据本具体情况做出判断和选择，从而使企业提供的会计信息能够从其所处的特定经营环境和经营状况出发，最恰当地反映企业的财务状况、经营成果和现金流量的情况。因此，富有弹性的会计政策为企业进行选择提供了可能。选择的必要性，主要基于管理报酬、负债安排、纳税、竞争或对资本市场的考虑等。

企业常见的会计政策内容包括：

（1）发出存货的计价方法。

（2）长期股权投资的核算方法。

（3）投资性房地产的计量模式。

（4）固定资产初始计量。

（5）收入的确认。

（6）借款费用的处理。

（7）非货币性资产交换的计量。

（8）无形资产的确认。

（9）合并报表政策。

（二）会计政策变更及其处理方法

会计政策变更是指企业对相同的交易或事项由原来采用的会计政策改用另一会计政策的行为。会计政策虽然可以选择、变更，但为了保证会计信息的可比性与可靠性，防止某些企业或个人利用会计核算方法的变动人为操纵成本、利润等指标，粉饰企业财务状况和经营成果，企业所选用的会计政策不得随意变更。需要变更的，应符合一定条件，同时将变更的内容和理由、变更的累积影响数或累积影响数不能合理确定的理由等，在变更当期财务报表附注中予以说明。

1. 会计政策变更的条件

（1）法律或会计准则等行政法规、规章要求变更会计政策。

（2）变更会计政策能够提供更可靠、更相关的会计信息。

2. 会计政策变更的处理方法

（1）追溯调整法。追溯调整法是指对某项交易或事项变更会计政策时，如同该交易或事项初次发生时就开始采用新的会计政策，并以此对以前的相关项目进行调整。

（2）未来适用法。未来适用法是指对某项交易和事项变更会计政策时，新的会计政策适用于变更当期及未来期间所发生的交易和事项，不需要计算会计政策变更的累积影响数，也不必调整变更当年年初的留存收益。

这里，追溯调整法是重点，学习时应注意两点：一是何种会计政策变更应采用追溯调整法。一般来说，法律或会计准则等行政法规、规章要求变更会计政策时，国家会明确规定某些会计政策变更必须采用追溯调整法处理。如2006年我国财政部发布企业会计准则时，在《企业会计准则第38号——首次执行企业会计准则》的第二章，明确规定原来属于同一控制下因企业合并形成的长期股权投资、因企业合并以外采用权益法核算且采用账面价值计量的长期股权投资等，执行新的会计准则时必须进行追溯调整。此外，企业按照可靠性和相关性的要求自行变更会计政策，应当采用追溯调整法进行处理。二是掌握追溯调整法的具体操作。分三个层次：第一，将会计政策变更累积影响数调整列报前期最早期初留存利润。第二，对列报前期影响数的确定不切实可行的，应当从可追溯调整的最早期间期初开始应用变更后的会计政策。第三，在当期期初确定会计政策变更对以前各期累积影响数不切实可行的，应当采用未来适用法处理。

3. 会计政策变更当期需要披露的内容

（1）会计政策变更的内容和理由，包括对会计政策变更的简要阐述、变更的日期、变更前采用的会计政策和变更后采用的会计政策，以及会计政策变更的原因。

（2）会计政策变更的影响数。其内容包括：采用追溯调整法所计算的会计政策变更的累积影响数；会计政策变更对本期以及比较财务报表所列其他各期净损益的影响；比较财务报表最早期间留存收益的调整金额。

（3）累积影响数不能合理确定的理由。企业应在财务报表附注中披露累积影响数不能合理确定的理由，以及由于会计政策变更对当期经营成果的影响金额。

（三）会计估计及其变更

会计估计是指企业对其结果不确定的交易和事项以最近可利用的可靠信息为基础所做的判断。通常需要估计的项目有：各项资产预计的减值损失，固定资产折旧年限和净残值的确定，无形资产的受益期限，预计负债的最佳估计金额等。这里应区分什么是会计政策、会计估计，什么是会计政策变更与会计估计变更，依据是能否引起会计确认基础、计量属性和列报项目发生变化。若属于会计政策变更，一般会引起会计确认基础与列报项目发生变化。例如，对部分借款费用，由原来的"费用化"处理改为现在的"资本化"处理，并导致应在资产负债表中以相应资产项目反映，这属于会计政策变更。如果一项会计变更引起计量属性的变化，则该项会计变更属于会计政策变更。

（1）会计核算中之所以存在甚至离不开会计估计，主要因为会计核算所面临的环境存在很大的不确定性，为了提高会计信息的相关性与可靠性，会计人员应以最近可利用的信息或资料为基础合理进行会计确认与计量。而随着时间的推移和环境的变化，需要对会计估计所依赖的信息和资料进行适时调整，使会计估计更符合实际。于是会计估计的变更相应而生。

（2）会计估计变更的条件或是赖以进行估计的基础发生了变化，或是取得了新的信息，积累了更多的经验，要求重新做出判断。

（3）会计估计变更的处理方法只能采用未来适用法，同时在变更当期的财务报表附注中披露会计估计变更的内容和理由、会计估计变更对当期以及未来期间的影响数；当会计估计影响数不能确定时，则企业需要披露这一事实和影响数不能合理确定的理由。

（四）会计差错及其更正

会计差错是指企业会计核算过程中，在确认、计量、列报或披露方面出现的错误。从时间跨度看，分为本期发现属于本期的会计差错、本期发现属于上期或以前期间的会计差错。

会计差错的更正应根据差错所属会计期间及其性质而采用不同的方法：本期发现的、属于本期的会计差错，应调整本期相关项目。本期发现、属于以前期间的会计差错，根据重要性原则进行更正。这包括两种情况：一是属于非重大会计差错的，视同差错在本期发生，只调整发现当期与前期相同的相关报表项目。其中对于直接影响损益的差错，应直接计入本期与上期相同的损益项目；对于不直接影响损益的，应调整本期与前期相同的资产负债表等相关项目。二是属于重大会计差错的，应采用追溯重述法更正，但无法确定前期差错影响数的情况除外。这里应掌握不同会计差错更正的具体方法。

对以前期间会计差错的更正，操作时应注意三点：

第一，如何判断"重大"与"非重大"会计差错。一般地，发生差错的交易或事项的金额占当年该类交易或事项金额的 10% 及以上，则属于重大差错。例如，某企业提前确认未实现的营业收入占全部营业收入的 10% 及以上，则应为重大会计差错，否则为非重大差错。

第二，采用追溯重述法进行差错更正时，对影响损益的差错更正，通过"以前年度损益调整"账户核算。可根据主教材【例 13 - 5】，理解并熟练掌握不同会计差错的更正方法。

第三，企业对前期差错在财务报表内更正的同时，还应在附注中披露与前期差错更正有关的信息。这些信息包括：前期差错的性质；各个列报前期财务报表中受影响的项目名称和更正金额；无法采用追溯重述法更正的，说明无法更正的事实和原因以及对前期差错开始进行更正的时点、具体更正情况。

（五）资产负债表日后事项

资产负债表日后事项是指年度资产负债表日至财务报告批准报出日之间发生的需要调整和说明的有利或不利事项。资产负债表日后事项涵盖期间是从报告年度次年的 1 月 1 日起至董事会最终批准财务报告可以对外公布的日期止。资产负债表日后事项分为资产负债表日后调整事项与资产负债表日后非调整事项两类。

1. 资产负债表日后调整事项

资产负债表日后调整事项是指资产负债表日后至财务报告批准报出日之间发生的、能对资产负债表日已存在情况提供进一步证据的事项。资产负债表日后调整事项常见的类型：

（1）已被证实的某项资产在资产负债表日已发生了减值或损失，或为该项资产已确认的减值损失需要调整。

（2）表明应将资产负债表日存在的某项现时义务予以确认，或已对某项义务确认的负债需要调整，如资产负债表日后诉讼案件结案，法院判决证实了企业在资产负债表日已经存在现时义务，需要调整原先确认的与该诉讼案件相关的预计负债，或确认一项新负债。

（3）进一步确定了资产负债表日前购入资产的成本或售出资产的收入。

（4）发现的资产负债表日或之前发生的错误或舞弊，如会计政策运用错误或会计估计错误。

（5）能为资产负债表日已存在的情况提供证据的其他事项。

资产负债表日后发生的调整事项，应当如同资产负债表所属期间发生的事项一样进行相关的会计处理，其中，涉及损益的事项，通过"以前年度损益调整"账户核算；涉及利润分配调整的事项，直接通过"利润分配——未分配利润"账户核算；不涉及损益以及利润分配的事项，调整相关账户。与此同时，对资产负债表日已编制的财务报表做相应调整。

【例 13 - 1】2014 年 8 月甲公司与乙公司签订一项购销合同，由于甲公司未按合同规定发货，致使乙公司遭受重大经济损失。于是，乙公司将甲公司起诉，要求赔偿 200 000 元；

甲公司在 2014 年年末资产负债表中的"预计负债"项目已反映赔款 100 000 元。2015 年 2 月 6 日法院判决甲公司赔偿 120 000 元，甲公司不再上诉，随即支付了乙公司相应赔偿款。甲公司 2014 年度的财务报告批准报出日为 2015 年 3 月 10 日。

分析：对上述事项，甲公司在 2014 年度年终决算时，已估计赔偿款 10 万元并确认入账。当时的会计分录为：

借：营业外支出   100 000
  贷：预计负债   100 000

可见，该项赔偿义务在甲公司 2014 年年末的资产负债表日已经存在。在 2014 年度财务报告尚未报出前，即 2015 年 2 月 6 日甲公司接到法院裁决，应赔偿 12 万元，且甲公司不再上诉，此时甲公司应调整增加赔款 2 万元，这属于资产负债表日后调整事项。具体调整方法如下：

（1）确认应支付的赔款：

① 借：预计负债   100 000
  贷：其他应付款   100 000

② 借：以前年度损益调整   20 000
  贷：其他应付款   20 000

③ 借：其他应付款   120 000
  贷：银行存款   120 000

（2）调整 2014 年因支出增加（利润相应减少）而减少的应交所得税 5 000 元（20 000 × 25%）：

借：应交税费（或递延所得税资产）   5 000
  贷：以前年度损益调整   5 000

（3）结转"以前年度损益调整"账户余额：

借：利润分配——未分配利润   15 000
  贷：以前年度损益调整   15 000

（4）调整减少 2014 年度提取的法定盈余公积 1 500 元（15 000 × 10%）：

借：盈余公积   1 500
  贷：利润分配——未分配利润   1 500

2014 年年末甲公司财务报表的调整略。

2. 资产负债表日后非调整事项

资产负债表日后非调整事项是指资产负债表日后才发生、不影响资产负债表日存在状况的事项。例如，2014 年 12 月 31 日为 A 公司的年终决算日，年报经批准的对外报送日为 2015 年 3 月 6 日，在此期间发生的企业合并、发行债券或股票、汇率大幅下跌或上涨、有价证券市价的大幅涨跌、自然灾害导致重大资产损失等，均属于非调整事项。非调整事项的性质是不影响资产负债表日的存在状况，故不需要进行调整；但应进行披露，包括披露其内容、估计其对财务状况及经营成果的影响，如果无法做出估计，应说明其原因。否则会影响财务报告使用者做出正确估计和决策。

3. 调整事项和非调整事项的区别与联系

调整事项是事项存在于资产负债表日以前，资产负债表日后提供的证据对以前已存在的事项做进一步说明。非调整事项是事项在资产负债表日尚未存在，但在财务报告批准报出之前发生或存在。两类事项的共同点在于：都发生于资产负债表日后至财务报告批准报出日之间，会对财务报告使用者的决策产生影响。

三、综合练习题

（一）单项选择题

1. 采用追溯调整法计算出会计政策变更的累积影响数后，应当进行的会计处理是（　　）。

    A. 重新编制以前年度财务报表

    B. 调整变更本年年初留存收益以及财务报表其他相关项目的期初数和上年数

    C. 调整或反映为变更当期及未来各期财务报表相关项目的数字

    D. 只需在报表附注中说明其累积影响数

2. 会计实务中，如果不易分清是会计政策变更还是会计估计变更，正确的做法是（　　）。

    A. 不做处理，待分清后再处理

    B. 按会计政策变更处理

    C. 按会计估计变更处理

    D. 在会计政策变更、会计估计变更的处理方法中任选

3. 会计政策变更的影响数是指（　　）。

    A. 会计政策变更对当期税后利润的影响

    B. 会计政策变更对当期投资收益及折旧等的相关项目的影响

    C. 按变更后的会计政策对以前各期追溯计算的变更年度期初留存收益应有的金额与现有金额之间的差额

    D. 会计政策变更之前各期追溯计算后各有关项目的调整数

4. 下列各选项中，不属于会计差错内容的是（　　）。

    A. 账户分类和计算错误

    B. 漏计已完成的交易

    C. 会计估计赖以进行的基础发生变化，导致原估计需要修订

    D. 应计项目与递延项目期末未做调整

5. A 公司对 B 公司在 2013 年 1 月 1 日投资 500 万元，占 B 公司有表决权资本的 30%，从 2015 年 1 月 1 日起，A 公司对 B 公司的该项长期股权投资由成本法改为权益法核算。2013 年、2014 年 B 公司分别实现净利润 100 万元、200 万元，分别分给 A 公司现金股利 15

万元、30万元；A公司按净利润的15%提取盈余公积，A、B两家公司的所得税税率相同。则该项会计政策变更的累积影响数是（　　）万元。

 A. 15   B. 30   C. 45   D. 60

6. 对于会计估计变更，企业应采用的会计处理方法是（　　）。

 A. 追溯调整法 B. 未来适用法 C. 追溯重述法 D. 补充登记法

7. 下列各选项中，不属于会计政策的是（　　）。

 A. 长期股权投资采用权益法核算   B. 发出存货计价采用先进先出法

 C. 符合条件的借款费用予以资本化   D. 固定资产折旧年限估计为5年

8. 对下列各项会计政策，我国现行会计准则不允许采用的是（　　）。

 A. 交易性金融资产期末按公允价值计价

 B. 长期股权投资采用权益法核算

 C. 坏账的核算采用直接转销法

 D. 符合条件的投资性房地产采用公允价值模式计量

9. 资产负债表日后的调整事项是指（　　）。

 A. 资产负债表日或以前已经存在的事项

 B. 资产负债表日或以前已经存在、资产负债表日后得以证实的事项

 C. 资产负债表日不存在，但对资产负债表日存在状况产生影响的事项

 D. 资产负债表日不存在，但其发生影响财务报告使用者正确决策的事项

10. 资产负债表日后的非调整事项是指（　　）。

 A. 资产负债表日后发生的事项

 B. 资产负债表日后发生的、对理解和分析财务报告有重大影响的事项

 C. 资产负债表日以前已经存在，但对编制年度财务报告没有影响的事项

 D. 资产负债表日以前已经存在，但在资产负债表日后发生变化的事项

11. A上市公司2013年度财务报告于2014年2月10日编制完成，注册会计师完成审计及签署审计报告的日期为2014年4月10日，经董事会批准报表对外公布的日期是4月20日，股东大会召开日期是4月25日。按照规定，资产负债表日后事项的时间区间应为（　　）。

 A. 2014年1月1日至2014年2月10日

 B. 2014年2月10日至2014年4月20日

 C. 2014年1月1日至2014年4月20日

 D. 2014年1月1日至2014年4月25日

12. 2015年1月20日甲企业向乙企业销售一批商品，已进行收入确认的有关账务处理。同年2月1日，乙企业收到货物后验收不合格要求退货，2月10日甲企业收到退货。甲企业2014年度资产负债表批准报出日是2015年4月30日。甲企业对上项业务应做的会计处理是（　　）。

 A. 作为2014年资产负债表日后事项的调整事项处理

B. 作为 2014 年资产负债表日后事项的非调整事项处理

C. 作为 2015 年资产负债表日后事项的调整事项处理

D. 作为 2015 年当期的正常事项处理

13. 对资产负债表日至财务报告批准日之间发生的调整事项进行调整处理时，不能调整的项目是（　　）。

A. 涉及损益的事项　　　　　　　　B. 涉及利润分配的事项

C. 涉及应交税金的事项　　　　　　D. 涉及现金收支的事项

14. 下列有关会计差错的处理，不正确的是（　　）。

A. 所有会计差错均要在财务报表附注中披露

B. 前期差错的性质应在财务报表附注中披露

C. 本期发现的、属于前期的重要差错（不考虑日后事项），应调整发现当期的期初留存收益和财务报表其他项目的期初数

D. 本期发现的、属于前期的非重要会计差错（不考虑日后事项），不调整财务报表相关项目的期初数，但应调整发现当期与前期相同的相关项目

15. 2013 年 6 月 15 日，甲公司发现 2011 年 9 月 20 日误将购入 600 000 元的固定资产支出计入了管理费用，对利润影响较大。2013 年 6 月末编制财务报表时，公司应做的会计处理是（　　）。

A. 调整 2011 年度财务报表相关项目的期初数

B. 调整 2012 年度财务报表相关项目的期初数

C. 调整 2011 年度财务报表相关项目的期末数

D. 调整 2013 年度财务报表相关项目的期初数

16. 甲公司 2012 年实现净利润 8 500 万元。该公司 2012 年发生和发现的下列交易或事项中，会影响年初未分配利润的是（　　）。

A. 发现 2010 年少计销售费用 950 万元

B. 发现 2011 年少计财务费用 200 元

C. 为 2011 年售出设备支付售后服务费 50 万元

D. 因客户资信状况明显改善将本年度应收账款坏账准备计提比例由 10% 改为 5%

17. 某上市公司 2014 年度的财务会计报告于 2015 年 4 月 20 日批准报出，2015 年 2 月 3 日，该公司发现 2013 年度的一项非重大差错。对此，公司应做的正确处理是（　　）。

A. 调整 2015 年度财务报表相关项目的年初数和上年数

B. 调整 2015 年度财务报表相关项目的年末数和本年数

C. 调整 2014 年度财务报表相关项目的年末数和本年数

D. 调整 2014 年度财务报表相关项目的年初数和上年数

18. 下列各项会计调整中，能使企业本期利润增加的是（　　）。

A. 采用备抵法时，估计的坏账比率由 5% 提高至 15%

  B. 对盈利的子公司，长期股权投资采用权益法核算

  C. 物价持续下跌时，发出存货计价采用先进先出法

  D. 固定资产折旧由直线法改为加速折旧法

19. 企业在年度资产负债表日至财务报告批准报出日之间发现的报告年度以前年度的重大会计差错，正确的处理方法是（ ）。

  A. 调整报告年度财务报表的期末数或当年发生数

  B. 调整报告年度期初留存收益及其他相关项目的期初数

  C. 调整以前年度的相关项目

  D. 不做任何调整

20. 2013年12月，企业发现本年第三季度应计入在建工程的借款费用8万元已作为财务费用列支，该项工程仍在建设中。对此项会计差错的正确处理方法是（ ）。

  A. 增加本期在建工程成本8万元，同时减少本期期初未分配利润8万元

  B. 减少"以前年度损益调整"8万元，同时增加应付利息8万元

  C. 减少本期在建工程成本8万元，同时增加本期财务费用8万元

  D. 增加本期在建工程成本8万元，同时减少本期财务费用8万元

（二）多项选择题

1. 下列各选项中，属于会计估计内容的是（ ）。

  A. 无形资产的摊销年限定为5年

  B. 预计负债按最有可能发生金额确定

  C. 固定资产期末可收回金额的确定

  D. 可供出售金融资产期末按公允价值计价

  E. 对具有商业实质的非货币性资产交换，换入资产按公允价值计量

2. 对会计估计变更的处理方法，以下各项表述正确的是（ ）。

  A. 会计估计变更的累积影响数于变更当期确认

  B. 会计估计变更的累积影响数调整变更当期期初留存收益及相关项目

  C. 会计估计变更采用未来适用法，不需要计算估计变更的累积影响数

  D. 会计估计变更仅影响变更当期的，有关估计变更的影响于当期确认

  E. 会计估计变更对未来期间的影响，应于未来期间确认

3. 下列各选项中，属于会计政策变更的是（ ）。

  A. 长期股权投资核算由成本法改为权益法

  B. 坏账损失的核算由直接转销法改为备抵法

  C. 固定资产折旧率由10%提高到15%

  D. 折旧核算的方法由直线法改为加速折旧法

  E. 投资性房地产由按成本模式计量改为按公允价值模式计量

4. 下列各选项中，可以进行会计估计变更的是 （   ）。

   A. 发现会计差错

   B. 赖以进行会计估计的基础发生了变化

   C. 公司董事会决议

   D. 取得新信息，需要对原会计估计进行修订

   E. 会计政策变更的累积影响数不能合理确定

5. 下列各选项中，不属于会计政策变更的是 （   ）。

   A. 为提供更可靠、更相关的信息采用新会计政策

   B. 对初次发生的事项采用新会计政策

   C. 对不重要的事项采用新会计政策

   D. 按照会计准则的要求采用新会计政策

   E. 对与以前相比具有本质差别的事项采用新会计政策

6. 以下各选项中，属于会计差错的有 （   ）。

   A. 会计政策使用错误   B. 为了增加利润降低坏账估计率

   C. 过账时对经济业务错记借贷方向   D. 填制记账凭证时科目使用错误

   E. 分期收款销售商品按应收价款总额确认收入

7. 企业对于发生的会计政策变更应披露的内容有 （   ）。

   A. 会计政策变更的日期   B. 会计政策变更的原因

   C. 会计政策变更的累积影响数   D. 变更前后所采用的会计政策

   E. 会计政策变更的累积影响数不能合理确定的理由

8. 为了满足会计信息可比性的要求，以下做法正确的是 （   ）。

   A. 国家的会计准则或制度应尽量减少企业选择会计政策的余地

   B. 国家的会计准则或制度不必对企业选择会计政策做出规定

   C. 企业应严格按照国家制定的会计准则或制度的规定选择会计政策

   D. 企业不得随意改变会计政策

   E. 企业对所选择的会计政策不得做任何改变

9. H 公司 2014 年财务报告批准报出日为 2015 年 4 月 30 日，所发生的下列资产负债表日后事项中，属于非调整事项的是 （   ）。

   A. 报告年度已确认入账的一批销货被退回

   B. 外汇汇率发生较大变动

   C. 报告期间发生的诉讼案件结案，赔偿金额比原预计的增加

   D. 发行债券筹资

   E. 4 月 28 日公司发生一场火灾，损失严重

10. 下列关于未来适用法的表述中，正确的有 （   ）。

   A. 未来适用法是将变更后的会计政策应用于变更当期及未来期间发生的交易或事

项的方法

B. 未来适用法是按会计估计变更当期和未来期间确认会计估计变更影响数的方法

C. 调整会计估计变更期初留存收益

D. 对变更当期资产负债表年初余额进行调整

E. 对变更年度利润表中的"上年金额"进行调整

11. 对于资产负债表日后的"非调整事项"，应在财务报表附注中披露的内容有（　　）。

A. 非调整事项的内容 B. 非调整事项可能对财务状况的影响

C. 非调整事项可能对经营成果的影响 D. 非调整事项无法估计上述影响的原因

E. 非调整事项在报告年度以后可能的调整

12. 下列与会计政策变更有关的内容中，应在财务报表附注中披露的有（　　）。

A. 变更的性质、内容和原因

B. 估计对企业财务状况、经营成果的影响

C. 变更的累积影响数

D. 当期和前期财务报表中受影响的项目和调整金额

E. 无法合理确定变更的累积影响数时，应披露累积影响数不能合理确定的事实和原因

13. 下列情况应采用未来适用法进行处理的有（　　）。

A. 因会计账簿超过法定保存期限而销毁，引起会计政策变更累积影响数无法确定

B. 会计账簿因不可抗力而毁坏，引起会计政策变更累积影响数无法确定

C. 会计准则要求对会计政策变更采用追溯调整法，但企业无法确定累积影响数

D. 因经济环境改变而变更会计政策，但企业无法确定累积影响数

E. 会计估计变更

14. 对下列各项业务进行的会计处理，符合会计准则规定的有（　　）。

A. 因物价持续下跌，发出存货计价由原来的加权平均法改为先进先出法

B. 银行贷款利率调高使企业财务费用增加，企业将超出的利息暂做资本化处理

C. 由于产品销路不畅，产品销售收入减少，固定费用相对过高，企业将固定资产折旧方法由原年数总和法改为平均年限法

D. 由于客户财务状况改善，企业将坏账准备的计提比例由原来的 5% 降为 1%

E. 因固定资产进行了改良，将其折旧年限由 8 年延长至 10 年

15. 下列表述中，不正确的有（　　）。

A. 追溯重述法的会计处理与追溯调整法相同，损益项目的调整均通过"以前年度损益调整"账户核算

B. 除会计规范要求外，企业不得自行变更会计政策

C. 企业曲解事实或舞弊，应当作为前期重大会计差错的处理方法进行处理

D. 会计政策变更对列报前期影响数无法确定的，应采用未来适用法进行处理

E. 本期发现的前期差错，只需调整财务报表相关项目的期初数，无需在附注中披露

（三）简答题

1. 什么是会计政策？企业为什么要变更会计政策？
2. 采用追溯调整法处理会计政策变更时，如何确定会计政策变更的累积影响数？
3. 会计估计的主要内容有哪些？会计核算中为什么离不开会计估计？
4. 如何进行会计差错的更正？
5. 什么是资产负债表日后的调整事项、非调整事项？试举例说明。
6. 试述资产负债表日后调整事项与非调整事项的区别与联系。

（四）业务题

习题一

1. 目的：练习会计政策变更的会计处理。
2. 资料：2012 年 1 月甲公司将一座办公楼出租，年租金收入 50 万元，采用成本模式计量。办公楼原价 1 000 万元，使用年限 40 年，无残值，直线法计提折旧。2014 年年初甲公司认为所在地的房地产交易市场逐渐活跃和成熟，具备了采用公允价值模式计量的条件，决定对该出租办公楼改用公允价值模式计量，各年年末的公允价值如表 13 - 1 所示。公司所得税税率为 25% ，并按净利润的 10% 提取法定盈余公积金。

表 13 - 1　投资性房地产的成本与市价　　　　　　　　　　单位：万元

年　　度	原价	年折旧额	年末公允价值
2012	1 000	25	1 200
2013	1 000	25	1 500

3. 要求：列表计算会计政策变更的累积影响数，并编制有关的调整分录。

习题二

1. 目的：练习会计差错的更正。
2. 资料：2014 年 5 月 H 公司清理账目时发现一项前期重大会计差错：2011 年 12 月，公司一条生产线投入使用，原价 1 200 万元，预计使用 25 年，预计净残值为 0。对生产线的折旧本应采用双倍余额递减法，公司为了与税法的折旧方法一致而采用平均年限法。税法规定的使用年限与净残值同上，2014 年公司适用所得税税率为 25% 。H 公司各年均按净利润的 10% 提取法定盈余公积，该生产线所产产品全部对外销售，各年年末均无在产品。

3. 要求：

（1）计算前期会计差错更正金额并填入表13-2。

表13-2　前期会计差错更正金额计算表　　　　　　　单位：元

年度	按平均年限法计提的折旧	按双倍余额递减法计提的折旧	补提折旧费用	所得税的影响金额	税后差异
2012					
2013					
合计					

（2）编制相关的更正分录。

（3）计算2014年度折旧额以及对本年净利润的影响金额。

习题三

1. 目的：练习会计估计变更的核算。

2. 资料：某公司2011年12月购入一套办公自动化系统，原值20万元，估计使用9年，预计净残值2万元，以直线法计提折旧。使用2年后，由于技术更新，不能按原估计年限计提折旧，2014年1月1日公司将设备的使用年限改为5年（但税法原定的折旧年限不变），预计净残值1万元。该企业所得税税率为25%。

3. 要求：

（1）计算会计估计变更后的折旧额。

（2）计算会计估计变更当期对所得税费用和净损益的影响金额。

习题四

1. 目的：练习资产负债表日后事项的调整处理。

2. 资料：甲公司因严重违约于2013年8月被乙公司起诉，原告提出赔偿50万元；2013年12月31日甲公司已经估计到赔偿金额很可能在10万元至30万元之间，并按规定确认入账。2014年1月20日法院做出了判决，甲公司需在判决后30日内向原告赔偿40万元，甲公司已经执行。甲公司2013年度财务报告批准日为2014年3月30日，所得税税率为25%，并按净利润的10%计提法定盈余公积金。

3. 要求：

（1）进行2013年12月31日甲公司预计赔偿的会计处理。

（2）进行2014年1月20日该调整事项的会计处理。

第十四章
财务报表

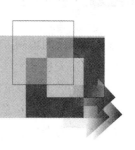

一、内容提要

本章根据2014年1月我国修订后的《企业会计准则第30号——财务报表列报》进行阐释。

财务会计的目标是定期向信息使用者提供财务会计报告，其核心内容是财务报表。企业在日常核算的基础上定期编制并及时向外报送财务会计报告，这不仅是会计核算的一种专门方法，也是企业财务会计工作的一项重要任务。本章在说明财务报表种类及编制要求的基础上，重点阐释四张主表的结构原理（包括性质、内容、基本结构与作用）及编制方法，之后介绍了财务报表附注的作用及主要内容。

二、重点、难点内容解析

（一）财务报表的种类

（1）按所反映的经济内容，可分为反映企业财务状况及其变动情况、反映企业经营成果的财务报表。前者如资产负债表、现金流量表、所有者权益变动表，后者指利润表。

（2）按所反映经济内容的状态，可分为动态报表与静态报表。

（3）按报送对象分为外部报表和内部报表。

（4）按编制时间，分为中期报表和年度报表。

（5）按编制主体，分为个别报表和合并报表。

（二）财务报表的编制基础

持续经营是重要的会计假设，也是企业编制财务报表的前提。如果有证据表明企业经营无法建立在持续经营基础之上，财务报表的编制必须采取其他基础。为确保会计信息的可靠性和相关性，正常经营的企业财务报表的编制还必须以下条件为基础：第一，真实的交易和事项；第二，完整的记录；第三，规定的方法；第四，编报前的准备工作。其中，编报前的准备工作主要包括：资产清查、债权债务核实、账证核对、账账核对及按规定结账日结账。

（三）资产负债表

资产负债表的结构原理已在基础会计学课程中详细阐述，这里重点介绍资产负债表的作用及各项目的填列方法。学习时应理解每个项目与相应账户之间的关系，理解报表中项目之间的钩稽关系。

1. 资产负债表的概念及其作用

资产负债表是总括反映企业某一特定日期（月末、季末、中期末或年末）全部资产、负债、所有者权益情况的报表。该表反映企业某一特定日期的财务状况，故也称财务状况表。该表的作用主要有四个方面：一是从总体上反映企业的资产总额及其来源；二是反映企业资产、负债的构成，通过资产和负债的对比分析，反映企业的偿债能力；三是反映所有者在企业中持有的权益及权益的构成情况；四是将前后连续的各期资产负债表进行比较分析，可以反映企业财务状况的变化趋势。

2. 资产负债表的格式

资产负债表的主要内容是资产、负债和所有者权益三个方面。三个要素内容的具体排列方式不同，形成不同的报表格式，分账户式、报告式两种。我国企业的资产负债表采用账户式结构：左边列示资产，全部按资产项目流动性的强弱排列；右边列示负债及所有者权益，其中，负债项目按偿还的先后顺序排列，所有者权益项目则按永久性大小排列。这样排列的目的，主要是提供各项目尤其是资产流动性的信息，反映企业的偿债能力。

3. 资产负债表的编制方法

资产负债表中各项目的金额一般包括"年初余额""期末余额"两栏。

（1）"年初余额"栏项目的填列。"年初余额"栏内各项目数字，应根据上年年末资产负债表的"期末余额"栏相应项目的数字填列。本年度资产负债表规定的项目名称和内容与上年不一致的，则应对上年年末资产负债表各项目的名称和余额按照本年度的规定进行调整后，再填入本年度资产负债表的"年初余额"栏内。

（2）"期末余额"栏项目的填列。"期末余额"栏反映各项目月末、季末或年末等的情况，填列方法有两种：项目名称与某一总分类账户名称相对应的，该项目一般可直接根据所对应的总分类账户的期末余额填列；除此以外，需根据有关的总分类账户、明细分类账户等的记录分析、重新计算后填列。

这里应注意一些特殊项目的填列，如货币资金、存货、应收账款（考虑"预收账款"账户的借方余额或预收账款与应收账款合并设置账户核算的情况）、应付账款（考虑"预付账款"账户的贷方余额及预付账款与应付账款合并设置账户核算的情况）、一年内到期的非流动资产和一年内到期的非流动负债项目及其相关项目的填列。

（四）利润表

这里的重点是利润表的作用、内容及项目的填列方法。此外，还应结合第十二章的学习，掌握各层次利润的构成。

1. 利润表的概念及作用

利润表又称损益表，是反映企业特定时期收支情况及财务成果的报表。它根据"收入－

费用＝利润"的会计等式，将一定时期的收入与相关费用进行配比后确定该时期的利润。通过该表，可以从总体上反映企业收入、费用及净利润（亏损）的实现及构成情况；将不同时期的利润进行比较，可以分析企业的获利能力及利润的未来发展趋势，了解投资者投入资本的保值、增值情况。

2. 利润表的结构

利润表的结构分单步式、多步式两种。单步式利润表是用企业一定时期的全部收入减去全部成本、费用及支出计算本期的损益。其优点是表式简单、易于理解，缺点是不能直观反映经营性收支和非经营性收支对利润总额的影响，也不能直观反映主要经营业务收益和非主要经营业务收益对利润总额的影响。我国企业的利润表一般采用多步式，具体步骤包括：第一步，计算营业利润；第二步，计算利润总额；第三步，计算净利润。各步骤的具体计算过程请参见主教材。多步式利润表的优点是分层次提供经营成果形成的数据，便于报表使用者了解各利润构成因素对财务成果的影响，缺点是必须区分费用、支出与相应收入配比的先后层次，而这在某些情况下不易做到。

3. 利润表的内容

利润表的内容包括与净利润有关的广义的收入、费用项目。但平时会计确认的收支中，既包括本期正常经营的收支，还有一些与本期营业活动无关的收支。主要包括前期损益调整，如以前年度发生的诉讼争议事项在本年度支付赔款，以前年度某些收入、费用的会计处理错误在本年度发现而予以调整；非常损益，如自然灾害损失、财产盘盈盘亏等；会计政策变更对本期损益的影响等。

上述与本期正常经营无关的收支应否反映在本期的利润表中，有两种观点：

一是本期损益观。这一观点主张在利润表中仅反映与当期经营有关的正常性经营损益，非常损益（如灾害损失、财产盘盈盘亏等）和对前期损益调整直接按期初未分配利润而列入所有者权益变动表。

二是损益满计观。这一观点指本期会计上确认的一切收入、费用，包括非常损益以及对前期损益调整等项目全部在利润表中计列。

我国现行利润表采用不完全的"损益满计观"，因为有关会计政策变更、本期发现以前期间的重大会计差错等对本期损益的影响，没有反映在利润表中，而是直接调整未分配利润的期初余额。

4. 利润表的编制方法

利润表年报中的金额分为"本期金额"与"上年金额"两栏，中报中的金额则为"本期金额"与"本年累计金额"两栏。其中，"本期金额"栏反映各项目本期的实际发生额，主要根据项目所对应的损益类账户的本期借（贷）方净发生额填列；三个层次的利润指标则根据其收、支项目的关系及其"本期金额"栏金额计算后填列。"本年累计金额"反映各项目自年初起至本月止的实际累计发生额，该栏金额的填列方法有两种：一是将本期利润表中各项目的"本期金额"栏金额与上期利润表中该项目的"本年累计金额"栏金额相加即可；二是采用表结法时，可根据各损益类账户期末余额直接填列，三个层次的利润指标则根据其收支项目"本年累计金额"栏金额计算填列。

我国目前的利润表，实质上属于全面收益报告表。2014年修改后的财务报表列报准则，在利润表中的净利润项下增加了"其他综合收益的税后净额"项目，并按具体内容详细列报。在此基础上，报告企业的"综合收益总额"。对此，应掌握其他综合收益的内容及各项目的填列方法。至于利润表中的"每股收益"，包括基本每股收益、稀释每股收益的计算，将在后续课程"财务管理"中介绍，这里不予阐释。有兴趣的同学，可参考《企业会计准则第34号——每股收益》。

（五）现金流量表

现金流量表中的"现金"有特定含义，通常包括现金及现金等价物。

1. 现金流量表及其作用

现金流量表是综合反映企业一定会计期间现金的流入、流出情况以及现金总额的增减变动情况的报表。以现金为基础编制的现金流量表和以营运资金为基础编制的财务状况表都属于反映企业财务状况变动的报表，是第三张主表，其前身为资金表或资金来源与运用表。1998年我国发布《企业会计准则——现金流量表》，要求企业从1998年1月1日起必须编报现金流量表。

企业的现金对任何信息使用者都是一个很重要的信息。企业没有足够的现金，其支付能力、偿债能力就受影响。这不仅不能满足日常经营资金周转的需要，无法支付投资者现金利润；更重要的是，到期债务不能偿付，会危及企业的持续经营。企业获取现金的能力不强，同样影响企业的发展。现金流量的信息，资产负债表、利润表都无法提供。因为资产负债表是一张静态报表，反映企业在一定时点的资产、负债及所有者权益的总额及构成；比较式资产负债表也只能反映不同时点资产、负债、所有者权益的变动情况。利润表只能反映企业一定时期利润的形成情况，由于利润是根据权责发生制、配比原则计算的结果，它并不能代表企业真正具有偿债能力或支付能力。实际工作中，曾发生过利润表中的利润金额相当可观，但因缺乏足够的现金偿还到期债务，企业不久即遭破产清算的案例。这就促使信息使用者必须关注企业现金流量的信息。

现金流量表的作用主要表现为：

（1）反映企业的现金流量，评价企业产生未来现金净流量的能力。

（2）评价企业偿还债务、支付投资利润的能力，谨慎判断企业财务状况。

（3）分析净收益与现金流量间的差异，并解释差异产生的原因。

（4）通过对现金投资与融资、非现金投资与融资的分析，全面了解企业的财务状况。

2. 现金流量表的格式

现金流量表是反映企业现金流入、流出及净流量的报表。但影响企业现金流入、流出的原因是多方面的，编制现金流量表首先应对现金流量进行分类。通常，现金流量分为经营活动现金流量、投资活动现金流量、筹资活动现金流量三类。如何列示现金流量信息，这涉及现金流量表的格式。现金流量表的格式有直接法、间接法两种：直接法现金流量表的特点是按类分别揭示现金流入、现金流出及其净流量。我国的现金流量表正表就采用这种格式，具体参见主教材第十四章表 14 - 7。这种格式的现金流量表，优点是分别反映各类现金流入、现金流出，简明直观，容易理解；缺点是不能说明企业净利润中提供了多少现金净流量，不能说明它与利润表的关系。间接法现金流量表的特点是对经营活动产生的现金流量以净利润为起点调整计算，投资活动、筹资活动产生的现金流量与直接法相同。我国现金流量表补充资料中采用间接法将净利润调整为经营活动的现金流量。

3. 现金流量表的主表项目

我国《企业会计准则第 31 号——现金流量表》将现金流量分为三类，即经营活动的现金流量、投资活动的现金流量、筹资活动的现金流量，三类现金流量的具体内容构成现金流量表的主表项目。为了准确编制现金流量表，应熟悉主表三类现金流量各自包括的内容、各项目所包括的现金流入或现金流出。其中的重点是经营活动产生的现金流量。

4. 现金流量表的编制方法

编制现金流量表，应将企业平时按权责发生制确认、计量、记录、报告的财务报表资料按照收付实现制确认标准予以调整。从一定意义上讲，编制现金流量表的过程，是将权责发生制的记录与报告调整为收付实现制下的现金收入与支出的过程。这里重点总结主表项目的编制方法。

主表是直接法的现金流量表的格式。各项目金额的确定有两种方法：

（1）在分析现金日记账、银行存款日记账和其他货币资金明细账记录的基础上的填列。采用这种方法，就是直接根据现金日记账、银行存款日记账和其他货币资金明细账的记录，逐笔确定现金收入和现金支出的性质，分别计入现金流量表的有关项目。这种方法适用于经济业务较少的小型企业，对于经济业务较多且已实行计算机会计信息系统的企业，可以采用这种方法。

（2）以非现金账户的记录为基础分析填列。这种方法的基本原理是：任何影响现金的交易，也一定会影响非现金资产、负债、所有者权益以及收入、费用的变动。根据非现金账户的变化，可分析、计算编制现金流量表所需的数据。下列公式推导可证明这个结论：

资产 = 负债 + 所有者权益

现金(含现金等价物，下同) + 非现金资产(不含现金等价物) = 负债 + 所有者权益

现金 = 负债 + 所有者权益 - 非现金资产

具体操作时，可利用公式直接计算各项指标和现金流量，也可采用工作底稿法。采用工作底稿法编制现金流量表，关键是要正确编制调整分录。需要注意的是特殊项目的现金流量的列示。特殊项目是指那些特殊的、不经常发生的项目，如自然灾害损失的保险赔款、捐赠的现金收支等。特殊项目的现金流量，应根据其性质，分别归入经营活动、投资活动、筹资活动的现金流量中反映。划分不清的，则归入经营活动的现金流量中。

（六）财务报表附注

财务报表附注是财务报表的补充，主要是对财务报表不能包括的内容，或者披露不详尽的内容做进一步的解释说明，以有助于财务报表使用者理解和使用会计信息。

1. 基本作用

（1）解释财务报表的编制基础、编制依据、编制原则和方法。

（2）对表内的有关项目做细致的解释。

2. 一般企业财务报表附注的内容

（1）企业的基本情况。

（2）财务报表的编制基础。

（3）遵循企业会计准则的说明。

（4）重要会计政策和会计估计。

（5）会计政策和会计估计变更以及差错更正的说明。

（6）报表重要项目的说明。

（7）重要的表外事项说明。

（8）有助于财务报表使用者评价企业管理资本的目标、政策及程序的信息。

三、综合练习题

（一）单项选择题

1. 下列财务报表中，反映会计主体特定时点财务状况的报表是（　　　）。

   A. 资产负债表　　　　　　　　　　B. 利润表

   C. 现金流量表　　　　　　　　　　D. 所有者权益变动表

2. 资产负债表的作用是（　　　）。

   A. 反映企业利润的形成　　　　　　B. 反映企业利润的分配

   C. 反映企业的资产构成及其来源　　D. 反映企业的现金来源与运用

3. 目前我国企业利润表的格式采用（　　　）。

   A. 账户式　　　　B. 直接式　　　　C. 单步式　　　　D. 多步式

4. 我国企业现行资产负债表的格式采用（　　　）。

   A. 账户式　　　　B. 报告式　　　　C. 单步式　　　　D. 多步式

5. 下列资产负债表项目中，可根据相应总账账户期末余额直接填列的是（　　　）。

   A. 交易性金融资产　B. 应收账款　　　C. 长期股权投资　　D. 预收账款

6. 资产负债表中资产项目的排列依据是（　　　）。

   A. 项目的重要性　B. 项目的流动性　C. 项目的时间性　　D. 项目的收益性

7. 下列资产负债表项目中，不可根据相应的总分类账户期末余额直接填列的是（　　　）。

　　　A. 短期借款　　　　　B. 应收票据　　　　C. 实收资本　　　D. 应付账款

　　8. 期末，企业"应收账款"所属明细账户借方余额合计 280 000 元、贷方余额合计 73 000 元；"坏账准备"账户贷方余额 1 000 元。则资产负债表中"应收账款"项目应填列的期末余额为（　　）元。

　　　A. 352 000　　　　　B. 207 000　　　　C. 279 000　　　D. 206 000

　　9. 利润表中的"本年累计金额"栏反映各项目的（　　）。

　　　A. 期末余额　　　　　　　　　　　B. 截至本月末的年内累计金额

　　　C. 本期实际发生额　　　　　　　　D. 期初余额加本期实际发生额

　　10. 将于 1 年内到期的持有至到期投资，填列资产负债表时应当（　　）。

　　　A. 在持有至到期投资项目下单设"1 年内到期的金额"项目反映

　　　B. 直接填入"持有至到期投资"项目反映

　　　C. 合并计入"交易性金融资产"项目反映

　　　D. 在流动资产项目下单设"1 年内到期的非流动资产"项目反映

　　11. 下列项目中，不在利润表中反映的是（　　）。

　　　A. 销售费用　　　　　B. 管理费用　　　　C. 长期待摊费用　　　D. 财务费用

　　12. 企业年末"预收账款"所属明细账户有借方余额 3 000 元、贷方余额 10 000 元。则年末资产负债表中"预收账款"项目的年末余额应为（　　）元。

　　　A. 3 000　　　　　　B. 7 000　　　　　C. 10 000　　　　D. 13 000

　　13. 期末，"预付账款"所属明细账户如果出现贷方余额，编制资产负债表时应将其填列的项目是（　　）。

　　　A. 预付账款　　　　　B. 预收账款　　　　C. 应付账款　　　D. 应收账款

　　14. 下列各选项中，影响所有者权益变动表中"本年年初余额"项目的是（　　）。

　　　A. 会计政策变更、前期重大会计差错更正

　　　B. 本年净利润

　　　C. 本年直接计入所有者权益的利得与损失

　　　D. 交易性金融资产本年的公允价值变动

　　15. 现金流量表补充资料的内容不包括（　　）。

　　　A. 不涉及现金收支的重大投资和筹资活动

　　　B. 将净利润调节为经营活动的现金流量

　　　C. 本期内用于购建固定资产的现金数额

　　　D. 现金及现金等价物的净变动情况

　　16. 我国现金流量表中，对全部业务的现金流量分为（　　）。

　　　A. 现金流入、现金流出及非现金活动的现金流量

　　　B. 经营活动、投资活动及筹资活动的现金流量

　　　C. 直接现金流量及间接现金流量

D. 经营活动、投资活动及收款活动的现金流量

17. 企业委托金融机构发行股票，总收入 2 000 万元，按规定支付金融机构发行费用 40 万元。对此，企业应在现金流量表中（   ）。

    A. 分别反映"吸收投资所收到的现金" 2 000 万元和"支付的其他与筹资活动有关的现金" 40 万元

    B. 反映"吸收投资所收到的现金" 1 960 万元

    C. 反映"投资所支付的现金" 1 960 万元

    D. 反映"收到的其他与投资活动有关现金" 1 960 万元

18. 对于因意外事故造成企业财产损失而向保险公司索赔的款项收入，如果分不清是属于固定资产还是流动资产的保险赔款，则应将该项现金流入归入（   ）。

    A. 经营活动的现金流量   B. 投资活动的现金流量

    C. 筹资活动的现金流量   D. 其他活动的现金流量

19. 现金流量表补充报表资料中"财务费用"项目的反映内容为（   ）。

    A. 企业本期发生的全部财务费用

    B. 企业本期发生的应属于经营活动的财务费用

    C. 企业本期发生的应属于投资活动或筹资活动的财务费用

    D. 企业本期发生的利息支出

20. 下列项目中，不属于财务报表附注内容的是（   ）。

    A. 或有事项的说明   B. 货币资金期末余额

    C. 重要会计政策变更的说明   D. 企业合并的说明

21. 下列经济业务产生的现金流量中，属于"投资活动产生的现金流量"的是（   ）。

    A. 收到的现金股利   B. 支付的各种税费

    C. 吸收投资所收到的现金   D. 支付的购货款

22. 企业偿还的长期借款利息，在现金流量表中应填列的项目是（   ）。

    A. 偿还债务支付的现金

    B. 分配股利、利润或偿付利息支付的现金

    C. 支付的其他与筹资活动有关的现金

    D. 支付的利息费用

23. 5 月 10 日甲企业购买 A 股票作为交易性金融资产，付款 50 万元，其中包括已宣告发放但尚未领取的现金股利 1 万元。5 月 20 日收到现金股利；6 月 2 日将 A 股票售出，收入 53 万元。如果该企业没有其他有关投资的业务，应计入现金流量表中"收回投资收到的现金"项目的金额应为（   ）万元。

    A. 49   B. 50   C. 51   D. 53

24. 下列各选项中，不属于筹资活动产生的现金流量的是（   ）。

    A. 吸收投资所收到的现金   B. 收回投资所收到的现金

C. 分配现金股利所支付的现金　　　　　D. 借款所收到的现金

25. A 企业 2014 年度共发生财务费用 45 000 元，其中：短期借款利息为 30 000 元，票据贴现息为 9 000 元（不附追索权），发行公司债券手续费 6 000 元。则现金流量表补充资料中的"财务费用"项目应填列的金额为（　　　）元。

　　A. 45 000　　　　　B. 35 000　　　　　C. 39 000　　　　　D. 36 000

26. 利润表各项目"本期金额"栏的填列依据主要是（　　　）。

　　A. 损益类账户的本期净发生额　　　　B. 损益类账户的期末余额

　　C. 收入类账户的贷方余额　　　　　　D. 费用类账户的借方余额

27. 企业发生的下列经济业务中，对资产负债表和利润表均有影响的是（　　　）。

　　A. 从银行提取现金　　　　　　　　　B. 预付购货款

　　C. 从银行借款存入银行备用　　　　　D. 列支本期所得税

28. 下列各选项中，不属于财务报表内容的是（　　　）。

　　A. 资产负债表　　　　　　　　　　　B. 利润表

　　C. 盈利预测表　　　　　　　　　　　D. 所有者权益变动表

29. 根据"本期损益观"编制利润表，下列各项不应在利润表中反映的是（　　　）。

　　A. 商品销售收入　　B. 资产出租收入　　C. 罚款支出　　D. 管理费用

30. 下列利润表项目中，不影响营业利润的是（　　　）。

　　A. 所得税费用　　　　　　　　　　　B. 公允价值变动收益

　　C. 投资收益　　　　　　　　　　　　D. 资产减值损失

（二）多项选择题

1. 财务报表编制前的准备工作包括（　　　）。

　　A. 财产清查　　B. 债务核实　　C. 账证核对　　D. 账账核对

　　E. 按规定结账日结账

2. 财务报表按编制主体可分为（　　　）。

　　A. 外部报表　　B. 内部报表　　C. 个别财务报表　　D. 合并财务报表

　　E. 静态报表

3. 资产负债表中"应付账款"项目的期末数可能包括（　　　）。

　　A. "应付账款"所属明细账户的期末贷方余额

　　B. "预付账款"所属明细账户的期末贷方余额

　　C. "预收账款"所属明细账户的期末借方余额

　　D. "应收账款"所属明细账户的期末借方余额

　　E. "应收账款"所属明细账户的期末贷方余额

4. 资产负债表中"存货"项目反映的内容包括（　　　）。

　　A. 在途物资　　B. 发出商品　　C. 委托代销商品　　D. 工程物资

E. 发出展览的商品

5. 下列各选项中，属于资产负债表中"货币资金"项目内容的是（　　）。

    A. 备用金　　　　　　B. 库存现金　　　　　C. 银行存款　　　　　D. 其他货币资金

    E. 现金等价物

6. 利润表的作用包括（　　）。

    A. 能反映企业收入、费用及净利润的实现及构成情况

    B. 能反映企业的资产总额及其来源情况

    C. 可分析企业的获利能力及利润的未来发展趋势

    D. 可反映企业支付能力及偿债能力

    E. 能反映企业的现金流量

7. 下列各选项中，不能直接根据总分类账户的期末余额填列的项目有（　　）。

    A. 固定资产　　　　　　　　　　　B. 应收票据

    C. 应收账款　　　　　　　　　　　D. 持有至到期投资

    E. 实收资本

8. 下列各项业务发生时，能引起企业现金流量变动的有（　　）。

    A. 用固定资产抵债　　　　　　　　B. 用银行存款偿付应付账款

    C. 用现款购买普通股股票　　　　　D. 发行债券收到现金

    E. 从银行提取现金备用

9. 下列各选项中，属于投资活动产生的现金流量的有（　　）。

    A. 购买固定资产支付的现金　　　　B. 发行债券收到的现金

    C. 转让无形资产收入的现金　　　　D. 发行股票收入的现金

    E. 购买存货支付的现金

10. 下列各选项中，属于经营活动的现金流量的有（　　）。

    A. 支付的所得税款　　　　　　　　B. 购买固定资产支付的增值税

    C. 出租包装物收入的现金　　　　　D. 用银行存款支付职工辞退补偿

    E. 用现金发放在建工程人员工资

11. 现金流量表补充资料中"不涉及现金支出的投资和筹资活动"包括（　　）。

    A. 债务转为资本　　　　　　　　　B. 一年内到期的可转换公司债券

    C. 以固定资产进行投资　　　　　　D. 融资租入固定资产

    E. 接受捐赠非现金资产

12. 下列属于财务报表编制要求的有（　　）。

    A. 数字真实　　　　B. 手续完备　　　　C. 内容完整　　　　D. 计算准确

    E. 编报及时

13. 下列账户余额可能影响资产负债表中"存货"项目期末数的有（　　）。

    A. 在途物资　　　　B. 库存商品　　　　C. 生产成本　　　　D. 材料成本差异

E. 周转材料

14. 下列有关利润表的说法中，正确的是（　　）。

A. 只需按年编报　　B. 动态报表　　　　C. 静态报表　　　　D. 反映经营成果

E. "本期金额"栏根据损益类账户的期末余额填列

15. 就中期报表而言，下列账户余额可作为资产负债表中"未分配利润"项目期末余额填列依据的是（　　）。

A. 本年利润　　　B. 利润分配　　　　C. 实收资本　　　　D. 主营业务收入

E. 主营业务成本

16. 企业编制现金流量表将净利润调节为经营活动现金流量时，在净利润基础上调整减少现金流量的项目包括（　　）。

A. 固定资产折旧　　　　　　　　B. 存货的增加

C. 经营性应收项目的减少　　　　D. 公允价值变动损失

E. 投资收益

（三）简答题

1. 财务报表按照报送对象分为对内报表与对外报表。为什么对外报表可以对外报送，而对内报表不宜对外公开？

2. 资产负债表的项目是如何排列的？这样排列有何意义？

3. 利润表的格式有哪两种？其优点、缺点各有哪些？

4. 利润表编制的两种观点是什么？它们的差异有哪些？

5. 我国对现金流量如何分类？

6. 为什么要编制现金流量表？

7. 财务报表为什么要有附注？

（四）业务题

习题一

1. 目的：练习资产负债表有关项目金额的计算。

2. 资料：

A 公司 2014 年 12 月 31 日有关账户的余额如下：

应收账款——甲	150 000 元（借）	应付账款——A	300 000 元（贷）
预收账款——丙	20 000 元（贷）	预付账款——C	80 000 元（借）
预收账款——丁	13 000 元（借）	预付账款——D	18 000 元（贷）
坏账准备	3 000 元（贷）	固定资产	200 000 元（借）
累计折旧	40 000 元（贷）	固定资产减值准备	5 000 元（贷）

持有至到期投资 450 000 元（借），其中 1 年内到期的金额为 250 000 元。

3. 要求：计算资产负债表中下列项目的期末余额（列示计算过程）。

（1）"应收账款"项目。

（2）"应付账款"项目。

（3）"预收账款"项目。

（4）"预付账款"项目。

（5）"固定资产"项目。

（6）"持有至到期投资"项目。

习题二

1. 目的：练习利润表有关指标的计算。

2. 资料：

B 公司平时利润的合成采用表结法。2013 年 12 月末，结转收支前全年损益类账户的余额如下：

主营业务收入	130 000 元（贷方）	销售费用	5 000 元（借方）
其他业务收入	10 000 元（贷方）	管理费用	3 000 元（借方）
投资收益	5 000 元（贷方）	财务费用	1 000 元（借方）
公允价值变动损益	9 000 元（贷方）	资产减值损失	4 200 元（借方）
营业外收入	4 000 元（贷方）	营业税金及附加	3 600 元（借方）
主营业务成本	90 000 元（借方）	营业外支出	2 000 元（借方）
其他业务成本	3 000 元（借方）	所得税费用	6 500 元（借方）

3. 要求：计算 B 公司 2013 年度的下列指标（列示计算过程）。

（1）营业收入。

（2）营业成本。

（3）营业利润。

（4）利润总额。

（5）净利润。

习题三

1. 目的：练习现金流量表有关指标的编制。

2. 资料：

D 公司有关资料如下：

（1）"主营业务收入"本期发生额 300 万元，"应收账款"期末比期初增加 80 万元，"应收票据"期末比期初减少 30 万元。

（2）"主营业务成本"本期发生额 250 万元，"应付账款"期末比期初减少 40 万元，

"存货"期末比期初减少30万元。

（3）本期发生与销售业务有关的费用8万元，均以银行存款支付。

（4）本期出售固定资产一项，收入现款38万元。该项固定资产原价50万元，已提折旧20万元。

3. 要求：逐笔分析上述业务对企业现金流量的影响，并编制调整分录。

习题四

1. 目的：练习现金流量表的编制。

2. 资料：

B公司资产负债表、利润表有关资料如下：

（1）2014年度利润表的有关资料。

净利润	500 000元
固定资产折旧费用	120 000元
无形资产摊销	30 000元
处理固定资产的收益	90 000元
出售长期股权投资的损失	30 000元
财务费用（利息支出）	10 000元

（2）资产负债表的有关资料。

	2013年12月31日	2014年12月31日
应收账款	500 000元	350 000元
坏账准备	1 500元	1 050元
存货	600 000元	500 000元
长期待摊费用	10 000元	20 000元
应付账款	117 000元	351 000元
应交税费	180 000元	260 000元
无形资产减值准备	5 000元	8 000元

3. 要求：根据上述资料运用间接法计算B公司2014年度经营活动产生的现金流量净额。

习题五

1. 目的：练习现金流量表指标的计算。

2. 资料：

A公司2014年有关资料如下：

（1）资产负债表有关项目的余额。

①"交易性金融资产（股票投资）"年初数（去年年末购入）60 000元，年末数0。

② "应收票据"（含增值税，下同）年初数 631 800 元，年末数 140 400 元。

③ "应收账款"（含增值税，下同）年初数 2 340 000 元，年末数 936 000 元。

④ "存货"年初数 180 000 元，年末数 150 000 元。

⑤ "短期借款"年初数 0，年末数 300 000 元。

⑥ "应付票据"（含增值税，下同）年初数 351 000 元，年末数 117 000 元。

⑦ "应付账款"（含增值税，下同）年初数 234 000 元，年末数 292 500 元。

⑧ "应付股利"年初数 420 000 元，年末数 240 000 元。

（2）收入及利润分配的有关资料。

① 主营业务收入 5 600 000 元。

② 主营业务成本 3 000 000 元。

③ 投资收益（均为出售交易性金融资产获利）8 000 元。

④ 营业外收入（均为处置固定资产净收益）150 000 元。

⑤ 向企业所有者分配现金利润 600 000 元。

（3）其他有关资料。

① 应收甲公司货款 40 000 元，增值税 6 800 元，因甲公司破产，无法收回上述款项，本年度内确认为坏账损失。

② 本年出售固定资产的原价为 1 200 000 元，已提折旧 450 000 元。

③ A 公司本年内支付工资 140 000 元，其中支付给在建工程人员工资 20 000 元。

④ 本年出售交易性金融资产（股票投资）及固定资产等均已收到现金。

⑤ 应收、应付款项均以现金结算。

⑥ 不考虑该企业本年度发生的其他交易和事项。

3. 要求：计算 2014 年度现金流量表中下列项目的本期金额（列示计算过程）。

（1）销售商品、提供劳务收到的现金。

（2）购买商品、接受劳务支付的现金。

（3）取得投资收益收到的现金。

（4）分配股利、利润或偿付利息支付的现金。

（5）处置固定资产、无形资产和其他长期资产收回的现金净额。

（6）取得借款收到的现金。

（7）支付给职工以及为职工支付的现金。

（8）购建固定资产、无形资产和长期资产支付的现金。

附录一　综合练习题答案

第一章　总　　论

（一）单项选择题

1. A　　　2. D　　　3. C　　　4. C　　　5. A　　　6. B
7. A　　　8. A

（二）多项选择题

1. ABCDE　　2. CDE　　3. BCDE　　4. ACD　　5. AB　　6. ADE
7. ABDCE　　8. ACE　　9. ABCDE　　10. ABC

（三）简答题（略）

第二章　货币资金

（一）单项选择题

1. A　　　2. B　　　3. B　　　4. D　　　5. C　　　6. A
7. D　　　8. D　　　9. A　　　10. D　　　11. D　　　12. C

（二）多项选择题

1. AC　　2. ACD　　3. ABCDE　　4. AC　　5. ABCD　　6. ABCD
7. ABCDE　　8. ABCDE　　9. BCE

（三）简答题（略）

（四）业务题

习题一

1. 职工预借差旅费时：

借：其他应收款——李宏   800
    贷：库存现金   800

出差归来报销时：

借：管理费用   850
    贷：其他应收款——李宏   800
        库存现金   50

2. 预借备用金时：

借：其他应收款（或备用金）——刘青   1 000
    贷：银行存款   1 000

采购结束报销时：

借：管理费用   850
    库存现金   150
    贷：其他应收款（或备用金）——刘青   1 000

3. 支付备用金时：

借：其他应收款（或备用金）——销售科   7 000
    贷：银行存款   7 000

开支后报销时：

借：销售费用   6 500
    贷：库存现金   6 500

4. 发现库存现金短款时：

借：待处理财产损溢   20
    贷：库存现金   20

出纳员同意赔偿但企业尚未收到赔款时：

借：其他应收款——魏明   20
    贷：待处理财产损溢   20

习题二

1. 开出汇票时：

借：其他货币资金——银行汇票   50 000
    贷：银行存款   50 000

结算货款时：

借：在途物资——A 材料　　　　　　　　　　　　　　　　　　　42 000

　　应交税费——应交增值税（进项税额）　　　　　　　　　　　7 140

　　　贷：其他货币资金——银行汇票　　　　　　　　　　　　　　　　49 140

与出票银行结清本笔汇票存款时：

借：银行存款　　　　　　　　　　　　　　　　　　　　　　　　860

　　　贷：其他货币资金——银行汇票　　　　　　　　　　　　　　　　860

2. 汇款时：

借：其他货币资金——外埠存款　　　　　　　　　　　　　　　80 000

　　　贷：银行存款　　　　　　　　　　　　　　　　　　　　　　　80 000

结算材料款时：

借：原材料——B　　　　　　　　　　　　　　　　　　　　　60 000

　　应交税费——应交增值税（进项税额）　　　　　　　　　　10 200

　　　贷：其他货币资金——外埠存款　　　　　　　　　　　　　　　70 200

结清临时存款账户余额时：

借：银行存款　　　　　　　　　　　　　　　　　　　　　　　9 800

　　　贷：其他货币资金 ——外埠存款　　　　　　　　　　　　　　　9 800

3. 划出款项时：

借：其他货币资金——存出投资款　　　　　　　　　　　　　200 000

　　　贷：银行存款　　　　　　　　　　　　　　　　　　　　　　200 000

4. 银行开出本票时：

借：其他货币资金——银行本票　　　　　　　　　　　　　　500 000

　　　贷：银行存款　　　　　　　　　　　　　　　　　　　　　　500 000

持银行本票与甲公司结算时：

借：原材料——C 材料　　　　　　　　　　　　　　　　　　400 000

　　应交税费——应交增值税（进项税额）　　　　　　　　　　68 000

　　应收账款——甲公司　　　　　　　　　　　　　　　　　　32 000

　　　贷：其他货币资金——银行本票　　　　　　　　　　　　　　　500 000

对银行本票，出票行只能按票面金额办理全额结算，未使用金额应由收款单位退还付款单位。以后从甲公司收回银行本票余款时：

借：银行存款　　　　　　　　　　　　　　　　　　　　　　　32 000

　　　贷：应收账款——甲公司　　　　　　　　　　　　　　　　　　32 000

第三章   应收及预付款项

（一）单项选择题

1. B	2. A	3. C	4. A	5. C	6. A
7. C	8. D	9. B	10. C	11. D	12. C
13. B	14. A	15. C	16. C		

（二）多项选择题

1. AC	2. ACD	3. BCE	4. DE	5. AD	6. CE
7. AB	8. ABC	9. BC	10. ABC	11. DE	12. ABCDE

（三）简答题（略）

（四）业务题

习题一

1. 第一年：

年末提取坏账准备金额 =1 000 000×3‰ =3 000（元）

借：资产减值损失 ——坏账损失   3 000

  贷：坏账准备   3 000

2. 第二年：

（1）冲销坏账：

借：坏账准备   6 000

  贷：应收账款——甲单位   1 000

    ——乙单位   5 000

（2）年末提取坏账准备：

坏账准备账户余额应为：1 200 000×3‰ =3 600（元）

坏账准备账户实际余额：3 000 –6 000 = –3 000（元）

应补提金额：3 600 – （ –3000）=6 600（元）

借：资产减值损失——坏账损失   6 600

  贷：坏账准备   6 600

3. 第三年：

（1）收回已冲销的坏账：

借：应收账款——乙单位　　　　　　　　　　　　　　　　　　　　5 000

　　贷：坏账准备　　　　　　　　　　　　　　　　　　　　　　　　　　　5 000

同时：

借：银行存款　　　　　　　　　　　　　　　　　　　　　　　　　5 000

　　贷：应收账款——乙单位　　　　　　　　　　　　　　　　　　　　　5 000

（2）年末提取坏账准备：

坏账准备账户余额应为：$1\ 300\ 000 \times 3‰ = 3\ 900$（元）

坏账准备账户实际余额：$3\ 600 + 5\ 000 = 8\ 600$（元）

应冲减金额：$8\ 600 - 3\ 900 = 4\ 700$（元）

借：坏账准备　　　　　　　　　　　　　　　　　　　　　　　　　4 700

　　贷：资产减值损失——坏账损失　　　　　　　　　　　　　　　　　　4 700

习题二

1. 贴现净额计算如下：

票据到期值 $= 100\ 000 \times (1 + 9\% / 360 \times 90) = 102\ 250$（元）

贴现利息 $= 102\ 250 \times 12\% / 360 \times 60 = 2\ 045$（元）

贴现净额 $= 102\ 250 - 2\ 045 = 100\ 205$（元）

2. 编制有关会计分录：

（1）收到票据时：

借：应收票据　　　　　　　　　　　　　　　　　　　　　　　　100 000

　　贷：应收账款　　　　　　　　　　　　　　　　　　　　　　　　100 000

（2）贴现时：

借：银行存款　　　　　　　　　　　　　　　　　　　　　　　　100 205

　　贷：应收票据　　　　　　　　　　　　　　　　　　　　　　　　100 000

　　　　财务费用　　　　　　　　　　　　　　　　　　　　　　　　　　205

（3）转作逾期贷款时：

借：应收账款　　　　　　　　　　　　　　　　　　　　　　　　102 250

　　贷：短期借款　　　　　　　　　　　　　　　　　　　　　　　　102 250

习题三

1. 该笔应收账款的账面价值为：$600\ 000 - 3\ 000 = 597\ 000$（元）

原材料的进项税额为：$80\ 000 \times 17\% = 13\ 600$（元）

换入资产的总成本为：$597\ 000 + 4\ 600 - 13\ 600 = 588\ 000$（元）

原材料的入账价值为：

$$588\,000 \times \frac{80\,000}{80\,000 + 320\,000 + 200\,000} = 78\,400（元）$$

设备的入账价值为：

$$588\,000 \times \frac{320\,000}{80\,000 + 320\,000 + 200\,000} = 313\,600（元）$$

汽车的入账价值为：

$$588\,000 \times \frac{200\,000}{80\,000 + 320\,000 + 200\,000} = 196\,000（元）$$

2. 编制有关会计分录：

借：原材料		78 400
应交税费——应交增值税（进项税额）		13 600
固定资产——设备		313 600
——汽车		196 000
坏账准备		3 000
贷：应收账款		600 000
银行存款		4 600

第四章　存　　货

（一）单项选择题

1. C	2. D	3. B	4. A	5. C	6. B
7. B	8. D	9. B	10. A	11. D	12. C
13. A	14. B	15. D	16. B	17. D	18. A
19. C	20. B	21. A	22. A	23. A	24. B
25. C	26. A	27. B	28. A	29. B	30. D

（二）多项选择题

1. ABCD	2. AC	3. ABDE	4. AD	5. BC	6. ACD
7. ABCD	8. ACD	9. ABCDE	10. ACD	11. AC	12. AE
13. CD	14. BCD	15. ADE	16. BC	17. AC	18. BCDE
19. ABE	20. ABC				

（三）简答题（略）

（四）业务题

习题一

1. 先进先出法：

发出 A 商品金额 $= 500 \times 12 + 400 \times 14 + 200 \times 14 + 200 \times 14 + 100 \times 17$

$\qquad = 18\,900$（元）

期末库存 A 商品金额 $= 500 \times 12 + 800 \times 14 + 600 \times 17 - 18\,900 = 8\,500$（元）

$\qquad 或 = 500 \times 17 = 8\,500$（元）

2. 月末一次加权平均法：

加权平均单价 $= (500 \times 12 + 800 \times 14 + 600 \times 17) \div (500 + 800 + 600) = 14.42$（元）

期末库存 A 商品金额 $= 500 \times 14.42 = 7\,210$（元）

发出 A 商品金额 $= 14.42 \times (900 + 200 + 300) = 20\,188$（元）

$\qquad 或 = 500 \times 12 + 800 \times 14 + 600 \times 17 - 7\,210 = 20\,190$（元）

习题二

1. 购进原材料时（外地运费按 11% 税率计算进项增值税）：

借：材料采购	138 010
应交税费——应交增值税（进项税额）	23 090
贷：银行存款	161 100

2. 材料验收入库时：

借：原材料	138 000
材料成本差异	10
贷：材料采购	138 010

3. 对 8 月 20 日入库的材料，月末按计划成本暂估入账：

借：原材料	56 000
贷：应付账款	56 000

4. 本月领用材料时：

借：生产成本	250 000
制造费用	40 000
管理费用	8 000
在建工程	92 000
贷：原材料	390 000

5. 期末分摊材料成本差异：

材料成本差异率 = $(15\,000 + 10) \div (300\,000 + 138\,000) \times 100\% = 3.43\%$

本期领用材料应分摊的材料成本差异：

生产成本分摊：$250\,000 \times 3.43\% = 8\,575$（元）

制造费用分摊：$40\,000 \times 3.43\% = 1\,372$（元）

管理费用分摊：$8\,000 \times 3.43\% = 274$（元）

在建工程分摊：$92\,000 \times 3.43\% = 3\,156$（元）

结转本月领用材料分摊的超支差异的会计分录如下：

借：生产成本	8 575	
制造费用	1 372	
管理费用	274	
在建工程	3 156	
贷：材料成本差异		13 377

习题三

由于 A 公司库存 W 型机器 17 台多于已经签订销售合同的数量 12 台。因此，销售合同约定数量的 12 台 W 型机器，可变现净值应以销售合同约定的销售价格作为计量基础；超过部分的 5 台 W 型机器，可变现净值应以一般销售价格作为计量基础。

1. 有合同部分：

（1）可变现净值 = $12 \times 32 - 12 \times 1 = 372$（万元）

（2）账面成本 = $12 \times (527 \div 17) = 372$（万元）

（3）应计提存货跌价准备金额 = 0

2. 没有合同的部分：

（1）可变现净值 = $5 \times 30 - 5 \times 1.2 = 144$（万元）

（2）账面成本 = $5 \times (527 \div 17) = 155$（万元）

（3）应计提存货跌价准备金额 = $155 - 144 = 11$（万元）

习题四

1. 用 A 材料生产的仪表的生产成本 = $88\,000 + 64\,000 = 152\,000$（元）

用 A 材料生产的仪表的可变现净值 = $1\,800 \times 80 - 4\,000 = 140\,000$（元）

用 A 材料生产的仪表的可变现净值 140 000 元小于仪表的生产成本 152 000 元，所以，A 材料应当按可变现净值计量。

2. A 材料的可变现净值 = $1\,800 \times 80 - 64\,000 - 4\,000 = 76\,000$（元）

3. A 材料应计提的跌价准备 = $88\,000 - 76\,000 = 12\,000$（元）

4. 计提 A 材料跌价准备的会计分录：

借：资产减值损失——存货减值损失　　　　　　　　　　　　　　　12 000
　　贷：存货跌价准备　　　　　　　　　　　　　　　　　　　　　　　　12 000

习题五

1. 2011 年年末，应提取的存货跌价准备为：80 000 – 77 000 = 3 000（元）
借：资产减值损失——存货减值损失　　　　　　　　　　　　　　　3 000
　　贷：存货跌价准备　　　　　　　　　　　　　　　　　　　　　　　　3 000
2. 2012 年年末，应提取的存货跌价准备为：80 000 – 73 000 – 3 000 = 4 000（元）
借：资产减值损失——存货减值损失　　　　　　　　　　　　　　　4 000
　　贷：存货跌价准备　　　　　　　　　　　　　　　　　　　　　　　　4 000
3. 2013 年年末，应冲减的存货跌价准备为：80 000 – 77 500 – 7 000 = – 4 500（元）
借：存货跌价准备　　　　　　　　　　　　　　　　　　　　　　　4 500
　　贷：资产减值损失——存货减值损失　　　　　　　　　　　　　　　　4 500

4. 2014 年年末，甲存货的可变现净值高于其成本，意味着没有发生减值损失。此时应将甲存货"存货跌价准备"账户余额全部冲回，使账户余额为 0。本题中，2014 年年末，应冲减的甲存货跌价准备为 2 500 元。
借：存货跌价准备　　　　　　　　　　　　　　　　　　　　　　　2 500
　　贷：资产减值损失——存货减值损失　　　　　　　　　　　　　　　　2 500

习题六

1. 购进彩电时：
借：在途物资　　　　　　　　　　　　　　　　　　　　　　　　　90 000
　　应交税费——应交增值税（进项税额）　　　　　　　　　　　　15 300
　　贷：应付账款　　　　　　　　　　　　　　　　　　　　　　　　　105 300
借：库存商品——家电组　　　　　　　　　　　　　　　　　　　　168 480
　　贷：在途物资　　　　　　　　　　　　　　　　　　　　　　　　　90 000
　　　　商品进销差价——家电组　　　　　　　　　　　　　　　　　　78 480
2. 销售热水器时：
借：银行存款　　　　　　　　　　　　　　　　　　　　　　　　　35 100
　　贷：主营业务收入 ——家电组　　　　　　　　　　　　　　　　　　35 100
借：主营业务成本——家电组　　　　　　　　　　　　　　　　　　35 100
　　贷：库存商品——家电组　　　　　　　　　　　　　　　　　　　　35 100
3. 购进电冰箱时：
借：在途物资　　　　　　　　　　　　　　　　　　　　　　　　　63 000
　　应交税费——应交增值税（进项税额）　　　　　　　　　　　　10 200

```
    贷：银行存款                                              73 200
  借：库存商品——家电组                              105 300
    贷：在途物资                                            63 000
      商品进销差价——家电组                            42 300
```

4. 销售彩电时：

```
  借：应收账款                                          70 200
    贷：主营业务收入——家电组                          70 200
  借：主营业务成本——家电组                        70 200
    贷：库存商品—家电组                                70 200
```

5. 计算已销商品进销差价时：

商品进销差价率 = （23 220 + 78 480 + 42 300）÷（206 220 + 168 480 + 105 300）×100%

　　　　　　　 = 30%

已销商品进销差价 = （35 100 + 70 200）×30% = 31 590（元）

```
  借：商品进销差价——家电组                          31 590
    贷：主营业务成本 ——家电组                         31 590
```

6. 计算调整增值税销项税额时：

不含税售价 = （35 100 + 70 200）÷（1 + 17%）= 90 000（元）

销项税额 = 90 000 ×17% = 15 300（元）

```
  借：主营业务收入 ——家电组                          15 300
    贷：应交税费——应交增值税（销项税额）              15 300
```

第五章　金融资产

（一）单项选择题

1. A	2. C	3. D	4. B	5. A	6. C
7. A	8. C	9. B	10. D	11. C	12. D
13. B	14. A	15. C			

（二）多项选择题

1. ABC	2. AB	3. ACE	4. ABC	5. AE	6. BCDE
7. CD	8. ABCE	9. ABD	10. CE		

（三）简答题（略）

（四）业务题

习题一

1. 借：交易性金融资产——A 公司股票（成本）　　　　800 000
　　　投资收益　　　　4 000
　　　　贷：银行存款　　　　804 000
2. 借：应收股利　　　　20 000
　　　　贷：投资收益　　　　20 000
3. 借：交易性金融资产——A 公司股票（成本）　　　　900 000
　　　应收股利　　　　20 000
　　　投资收益　　　　6 000
　　　　贷：银行存款　　　　926 000
4. 借：银行存款　　　　40 000
　　　　贷：应收股利　　　　40 000
5. 借：交易性金融资产——A 公司股票（公允价值变动）　　　　300 000
　　　　贷：公允价值变动损益　　　　300 000
6. 借：银行存款　　　　2 100 000
　　　　贷：交易性金融资产——A 公司股票（成本）　　　　1 700 000
　　　　　　　　　　　　——A 公司股票（公允价值变动）　　　　300 000
　　　　投资收益　　　　100 000
　借：公允价值变动损益　　　　300 000
　　　　贷：投资收益　　　　300 000

习题二

1. 投资持有期内，根据实际利率法确认投资收益的有关计算如附表 1 所示：

附表 1　持有至到期投资各期利息收入与摊余成本计算表——实际利率法　　单位：元

期　数	应收利息 ①＝面值×3%	实际利息收入 ②＝期初④×6%	摊销折价 ③＝②－①	期末摊余成本 ④＝上期④＋本期③
				9 610 000
1	330 000	576 600	246 600	9 856 600

续表

期　　数	应收利息 ①＝面值×3%	实际利息收入 ②＝期初④×6%	摊销折价 ③＝②－①	期末摊余成本 ④＝上期④＋本期③
2	330 000	591 396	261 396	10 117 996
3	330 000	607 080	277 080	10 395 076
4	330 000	623 705	293 705	10 688 781
5	330 000	641 219	311 219	11 000 000
合计	1 650 000	3 040 000	1 390 000	

2. 2014 年购入时：

借：持有至到期投资——乙公司债券（成本）　　　　　　　　　　11 000 000

　　贷：银行存款　　　　　　　　　　　　　　　　　　　　　　　9 610 000

　　　　持有至到期投资——乙公司债券（利息调整）　　　　　　　1 390 000

3. 2014 年年末确认实际利息收入时，根据上表金额：

借：应收利息　　　　　　　　　　　　　　　　　　　　　　　　　330 000

　　持有至到期投资——乙公司债券（利息调整）　　　　　　　　　246 600

　　贷：投资收益　　　　　　　　　　　　　　　　　　　　　　　　576 600

习题三

1. 2014 年 4 月 5 日购入 M 公司股票时：

借：可供出售金融资产——M 公司股票（成本）　　　　　　　　36 200 000

　　应收股利　　　　　　　　　　　　　　　　　　　　　　　　4 000 000

　　贷：银行存款　　　　　　　　　　　　　　　　　　　　　　40 200 000

2. 2014 年 5 月 15 日收到现金股利时：

借：银行存款　　　　　　　　　　　　　　　　　　　　　　　　4 000 000

　　贷：应收股利　　　　　　　　　　　　　　　　　　　　　　　4 000 000

3. 2014 年 6 月 30 日公允价值调整增加 60 万元：

借：可供出售金融资产——M 公司股票（公允价值变动）　　　　　600 000

　　贷：其他综合收益　　　　　　　　　　　　　　　　　　　　　600 000

4. 2014 年 9 月 30 日公允价值调整增加 80 万元：

借：可供出售金融资产——M 公司股票（公允价值变动）　　　　　800 000

　　贷：其他综合收益　　　　　　　　　　　　　　　　　　　　　800 000

5. 2014 年 12 月 31 日公允价值调整减少 40 万元：

借：其他综合收益　　　　　　　　　　　　　　　　　　　　　　400 000

   贷：可供出售金融资产——M 公司股票（公允价值变动）   400 000

6. 2015 年 1 月 5 日出售所持 M 公司 50% 的股票：

  借：银行存款   18 800 000

    贷：可供出售金融资产——M 公司股票（成本）   18 100 000

      可供出售金融资产——M 公司股票（公允价值变动）   500 000

      投资收益   200 000

同时结转所售股票在持有期内确认的公允价值变动净收益 50 万元：

  借：其他综合收益   500 000

    贷：投资收益   500 000

第六章　长期股权投资

（一）单项选择题

1. A	2. B	3. C	4. A	5. C	6. A
7. B	8. D	9. B	10. C	11. B	12. D
13. B	14. A	15. A	16. B	17. D	18. A
19. C	20. A				

（二）多项选择题

1. ACD	2. BE	3. BC	4. ABCD	5. ABC	6. BDE
7. BCE	8. ADE				

（三）简答题（略）

（四）业务题

习题一

1. 2014 年 6 月 2 日购入 H 公司股票时：

  借：长期股权投资——H 公司（成本）   41 800 000

    贷：其他货币资金   41 800 000

2. A 公司购入的股票占 H 公司的比例为 51%（510÷1 000×100%），故应采用成本法核算。H 公司宣告分配 2014 年度的现金股利中，A 公司应收 127.50 万元（2 500 000×51%），全部确认为投资收益。H 公司宣告分配现金股利日，A 公司应编制会计分录：

借：应收股利   1 275 000

  贷：投资收益   1 275 000

习题二

1. 2014年1月2日甲公司投资时，投资成本5 000万元低于在乙公司净资产公允价值中享有的份额5 100万元（170 000 000×30%），差额计入甲公司的当期损益：

借：长期股权投资——乙公司（成本）   51 000 000

  贷：银行存款   50 000 000

    营业外收入   1 000 000

2. 2014年12月31日：采用权益法确认投资收益300万元：

借：长期股权投资——乙公司（损益调整）   3 000 000

  贷：投资收益   3 000 000

投资日，由于乙公司固定资产的账面价值低于公允价值2 000万元，当年少提折旧200万元，由此增加利润200万元。按权益法核算，甲公司应调减所确认的投资收益60万元（2 000 000×30%）：

借：投资收益   600 000

  贷：长期股权投资——乙公司（损益调整）   600 000

2014年年底对乙公司宣告分配的现金股利，甲公司应收150万元：

借：应收股利   1 500 000

  贷：长期股权投资——乙公司（损益调整）   1 500 000

习题三

1. 确认长期股权投资处置损益：

借：银行存款   36 000 000

  贷：长期股权投资   20 000 000

    投资收益   16 000 000

2. 调整长期股权投资账面价值：剩余长期股权投资的账面价值为4 000万元，与原投资时应享有被投资单位可辨认净资产公允价值份额之间的差额1 600万元（40 000 000 − 90 000 000×2÷3×40%）为商誉，该部分价值不需要对长期股权投资的成本进行调整。

处置投资以后按照持股比例计算享有被投资单位自购买日至处置投资日期间实现的净损益为2 000万元（50 000 000×40%），应调整增加长期股权投资的账面价值，同时调整留存收益。企业应编制会计分录：

借：长期股权投资   20 000 000

  贷：盈余公积   2 000 000

    利润分配——未分配利润   18 000 000

第七章　固定资产

（一）单项选择题

1. B	2. A	3. B	4. C	5. C	6. A
7. D	8. B	9. B	10. C	11. D	12. B
13. B	14. C				

（二）多项选择题

1. ABC	2. ABCD	3. BCD	4. ACD	5. DE	6. ABD
7. ABCD	8. ACD				

（三）简答题（略）

（四）业务题

习题一

1. 从 2009 年 1 月 1 日起，企业购进设备发生的进项增值税可予抵扣，不再计入固定资产成本，同时对购进设备的运费 8 500 元按 11% 计算进项税额并予以抵扣：

借：在建工程　　　　　　　　　　　　　　　　　　　　　　207 565
　　应交税费——应交增值税（进项税额）　　　　　　　　　 34 935
　　　贷：银行存款　　　　　　　　　　　　　　　　　　　　　　242 500

2. 安装设备领用材料的进项税额无需转出，按规定抵扣：

借：在建工程　　　　　　　　　　　　　　　　　　　　　　 13 300
　　　贷：原材料　　　　　　　　　　　　　　　　　　　　　　　　9 000
　　　　　材料成本差异　　　　　　　　　　　　　　　　　　　　　1 000
　　　　　银行存款　　　　　　　　　　　　　　　　　　　　　　　3 300

3. 工程达到预定可使用状态：

借：固定资产　　　　　　　　　　　　　　　　　　　　　　221 205
　　　贷：在建工程　　　　　　　　　　　　　　　　　　　　　　221 205

习题二

1. 计提减值准备前固定资产的账面价值为：6 489 000 − 3 214 800 − 6 000 = 3 268 200（元）

2. 应补提的固定资产减值准备为：3 268 200 – 3 180 000 = 88 200（元）

3. 会计分录为：

借：资产减值损失——固定资产减值损失   88 200

    贷：固定资产减值准备   88 200

习题三

1. 用双倍余额递减法计算的年折旧率及年折旧额如附表2所示：

年折旧率 = 2 × (1/5 × 100%) = 40%

附表2 双倍余额递减法折旧计算

年份	期初账面折余价值	折旧率	折旧额	累计折旧额	期末折余价值
1	400 000	40%	160 000	160 000	240 000
2	240 000	40%	96 000	256 000	144 000
3	144 000	40%	57 600	313 600	86 400
4	86 400	35 000	348 600	51 400	
5	51 400	35 000	383 000	16 400	
合计			383 600		

2. 用年数总和法计算的年折旧率和年折旧额如附表3所示：

附表3 年数总和法折旧计算

年份	尚可使用年限	原值 – 残值	变动折旧率	每年折旧额	累计折旧额
1	5	383 600	5/15	127 866.67	127 866.67
2	4	383 600	4/15	102 293.33	230 160.00
3	3	383 600	3/15	76 720.00	306 880.00
4	2	383 600	2/15	51 146.67	358 026.67
5	1	383 600	1/15	25 573.33	383 600.00
合计				383 600.00	

习题四

1. 固定资产转入清理时：

借：固定资产清理   100 000

    累计折旧   800 000

    贷：固定资产   900 000

2. 发生清理费用时：

借：固定资产清理　　　　　　　　　　　　　　　　　50 000
　　贷：银行存款　　　　　　　　　　　　　　　　　　　50 000

3. 取得出售残值收入时：

借：银行存款　　　　　　　　　　　　　　　　　　180 000
　　贷：固定资产清理　　　　　　　　　　　　　　　　180 000

4. 计算清理净损益：

借：固定资产清理　　　　　　　　　　　　　　　　　30 000
　　贷：营业外收入　　　　　　　　　　　　　　　　　　30 000

第八章　投资性房地产与无形资产

（一）单项选择题

1. C　　　2. B　　　3. A　　　4. D　　　5. C　　　6. D
7. B　　　8. A　　　9. D　　　10. B　　　11. B　　　12. A

（二）多项选择题

1. ABE　　2. CDE　　3. ABCD　　4. ABCDE　　5. ABD

（三）简答题（略）

（四）业务题

习题一

甲企业购入写字楼时：

借：投资性房地产——写字楼　　　　　　　　　　150 000 000
　　贷：银行存款　　　　　　　　　　　　　　　　150 000 000

习题二

1. 每月计提折旧时：

每月计提折旧额 = 1 800 ÷ 30 ÷ 12 = 5（万元）

借：其他业务成本　　　　　　　　　　　　　　　　　50 000
　　贷：投资性房地产累计折旧（摊销）　　　　　　　　　50 000

2. 每月确认租金收入时：

借：银行存款（或其他应收款）　　　　　　　　　　　　　　　　　　80 000

　　贷：其他业务收入　　　　　　　　　　　　　　　　　　　　　　　　　80 000

3. 年末计提减值准备时：

至本年末，该座办公楼共计提折旧 300 万元（即原累计折旧 240 万元 + 出租当年计提折旧 60 万元），年末的账面价值为 1 500 万元。该账面价值高于年末可收回金额 1 200 万元的差额 300 万元，即为当年末确认的减值损失。

借：资产减值损失　　　　　　　　　　　　　　　　　　　　　　　3 000 000

　　贷：投资性房地产减值准备　　　　　　　　　　　　　　　　　　　3 000 000

习题三

1. 2013 年 4 月 15 日，存货转换为投资性房地产时：

借：投资性房地产——成本　　　　　　　　　　　　　　　　　　470 000 000

　　贷：开发产品　　　　　　　　　　　　　　　　　　　　　　　450 000 000

　　　　其他综合收益　　　　　　　　　　　　　　　　　　　　　20 000 000

2. 2013 年 12 月 31 日，确认公允价值变动时：

借：投资性房地产——公允价值变动　　　　　　　　　　　　　　10 000 000

　　贷：公允价值变动损益　　　　　　　　　　　　　　　　　　　10 000 000

3. 2014 年 5 月 15 日收回并出售该项房产时：

借：银行存款　　　　　　　　　　　　　　　　　　　　　　　550 000 000

　　贷：其他业务收入　　　　　　　　　　　　　　　　　　　　550 000 000

借：其他业务成本　　　　　　　　　　　　　　　　　　　　　480 000 000

　　贷：投资性房地产——成本　　　　　　　　　　　　　　　　470 000 000

　　　　　　　　　　——公允价值变动　　　　　　　　　　　　10 000 000

同时，将投资性房地产累计公允价值变动收益转入其他业务收入：

借：公允价值变动损益　　　　　　　　　　　　　　　　　　　10 000 000

　　贷：其他业务收入　　　　　　　　　　　　　　　　　　　　10 000 000

将用途转换时原计入其他综合收益的金额转入其他业务收入：

借：其他综合收益　　　　　　　　　　　　　　　　　　　　　20 000 000

　　贷：其他业务收入　　　　　　　　　　　　　　　　　　　　20 000 000

习题四

1. 相关费用发生时：

借：研发支出——费用化支出　　　　　　　　　　　　　　　　30 000 000

　　　　　　——资本化支出　　　　　　　　　　　　　　　　　50 000 000

　　　　贷：原材料　　　　　　　　　　　　　　　　　　　　　40 000 000

　　　　　　应付职工薪酬　　　　　　　　　　　　　　　　　10 000 000

　　　　　　银行存款　　　　　　　　　　　　　　　　　　　30 000 000

2. 期末：

借：管理费用　　　　　　　　　　　　　　　　　　　　　30 000 000

　　无形资产　　　　　　　　　　　　　　　　　　　　　50 000 000

　　　贷：研发支出——费用化支出　　　　　　　　　　　30 000 000

　　　　　　　——资本化支出　　　　　　　　　　　　　50 000 000

习题五

1. 取得无形资产时：

借：无形资产——商标权　　　　　　　　　　　　　　　　2 000 000

　　　贷：银行存款　　　　　　　　　　　　　　　　　　2 000 000

2. 按年摊销时：

借：管理费用　　　　　　　　　　　　　　　　　　　　　　200 000

　　　贷：累计摊销　　　　　　　　　　　　　　　　　　　200 000

习题六

处置该项无形资产的会计分录为：

借：银行存款　　　　　　　　　　　　　　　　　　　　　5 000 000

　　累计摊销　　　　　　　　　　　　　　　　　　　　　　800 000

　　无形资产减值准备　　　　　　　　　　　　　　　　　1 200 000

　　营业外支出——处置非流动资产损失　　　　　　　　　1 000 000

　　　贷：无形资产——非专利技术　　　　　　　　　　　8 000 000

第九章　流动负债

（一）单项选择题

1. D	2. B	3. A	4. B	5. B	6. D
7. B	8. D	9. C	10. A	11. A	12. A
13. A	14. B	15. D	16. C	17. C	18. A
19. C	20. B	21. C	22. B	23. A	24. B
25. A	26. A	27. B	28. B	29. C	30. A

（二）多项选择题

1. ABCD   2. ACD   3. ABDE   4. ABCDE   5. BDE   6. ABCDE

7. ABCDE   8. CE   9. ACD   10. ABD   11. ABCDE   12. ACDE

13. AB   14. ABCD

（三）简答题（略）

（四）业务题

习题一

1. 各项职工薪酬的计算如附表 4 所示：

附表 4   A 公司职工薪酬计算表

2014 年 6 月   单位：元

内　　　容	生产成本	制造费用	管理费用	销售费用	研发支出	合　计
工资总额①	1 000 000	200 000	300 000	100 000	400 000	2 000 000
社会保险费②＝①×24%	240 000	48 000	72 000	24 000	96 000	480 000
住房公积金③＝①×10.5%	105 000	21 000	31 500	10 500	42 000	210 000
职工福利费④＝①×5%	50 000	10 000	15 000	5 000	20 000	100 000
工会经费⑤＝①×2%	20 000	4 000	6 000	2 000	8 000	40 000
职工教育经费⑥＝①×1.5%	15 000	3 000	4 500	1 500	6 000	30 000
合计	1 430 000	286 000	429 000	143 000	572 000	2 860 000

2. 应付职工薪酬核算的会计分录如下：

（1）列支各项薪金时：

借：生产成本   1 430 000

　　制造费用   286 000

　　管理费用   429 000

　　销售费用   143 000

　　研发支出   572 000

　　　贷：应付职工薪酬——工资   2 000 000

　　　　　　　　——社会保险费   480 000

　　　　　　　　——住房公积金   210 000

　　　　　　　　——职工福利费   100 000

——工会经费	40 000
——职工教育经费	30 000

（2）发放工资（假设代扣个人所得税30万元）时：

借：应付职工薪酬——工资	2 000 000
贷：银行存款	1 700 000
应交税费——代扣代交个人所得税	300 000

（3）缴纳社会保险费与住房公积金时：

借：应付职工薪酬——社会保险费	480 000
——住房公积金	210 000
贷：银行存款	690 000

习题二

1. 甲公司发放自产洗衣机200台，销项增值税 = 3 000 × 200 × 17% = 102 000（元）

借：生产成本	[3 000 × 180 × (1 + 17%)]631 800
管理费用	[3 000 × 20 × (1 + 17%)]70 200
贷：应付职工薪酬	702 000

2. 实际发放时：

借：应付职工薪酬	702 000
贷：主营业务收入	600 000
应交税费——应交增值税（销项税额）	102 000
借：主营业务成本	400 000
贷：库存商品	400 000

习题三

1. 甲公司（债权人）的账务处理：

借：可供出售金融资产	320 000
原材料	450 000
应交税费——应交增值税（进项税额）	76 500
坏账准备	80 000
贷：应收票据	900 000
资产减值损失	26 500

2. 乙公司（债务人）的账务处理：

（1）债务重组日，确认债务重组利得53 500元（即重组债务900 000 - 抵债的金融资产公允价值320 000元 - 抵债存货的公允价值450 000元与增值税76 500元）：

借：应付票据	900 000

交易性金融资产——公允价值变动	80 000
贷：主营业务收入	450 000
应交税费——应交增值税（销项税额）	76 500
交易性金融资产——成本	400 000
营业外收入——债务重组利得	53 500

（2）将交易性金融资产的公允价值变动损失 80 000 元予以结转：

借：投资收益	80 000
贷：资本公积——其他资本公积	80 000

（3）结转抵债存货的成本：

借：主营业务成本	400 000
贷：库存商品	400 000

习题四

1. 甲公司（债务人）的会计处理：

经分析，债务重组日该项或有应付金额符合确认负债的条件，应确认为预计负债。

预计负债 = 400 × 3% = 12（万元）

（1）2012 年 12 月 31 日进行债务重组时：

借：应付账款	5 000 000
贷：应付账款——债务重组	4 000 000
预计负债	120 000
营业外收入——债务重组利得	880 000

（2）2013 年 12 月 31 日支付利息时：

借：财务费用	200 000
贷：银行存款	200 000

（3）2014 年 12 月 31 日还清债务时：

借：应付账款——债务重组	4 000 000
财务费用	200 000
预计负债	120 000
贷：银行存款	4 320 000

（4）如果 2013 年度甲公司并未实现盈利，则 2014 年 12 月 31 日偿还债务的会计分录应改为：

借：应付账款——债务重组	4 000 000
财务费用	200 000
贷：银行存款	4 200 000
借：预计负债	120 000
贷：营业外收入	120 000

2. 乙公司（债权人）的会计处理：

（1）2012 年 12 月 31 日进行债务重组时：

借：应收账款——债务重组		4 000 000
坏账准备		500 000
营业外支出——债务重组损失		500 000
贷：应收账款		5 000 000

（2）2013 年 12 月 31 日收到利息时：

借：银行存款		200 000
贷：财务费用		200 000

（3）2014 年 12 月 31 日收回欠款时：

借：银行存款		4 320 000
贷：应收账款——债务重组		4 000 000
财务费用		320 000

（4）如果 2013 年甲公司未实现盈利，则 2014 年 12 月 31 日乙公司的上项会计分录应改为：

借：银行存款		4 200 000
贷：应收账款——债务重组		4 000 000
财务费用		200 000

第十章　长期负债

（一）单项选择题

1. A	2. D	3. B	4. A	5. B	6. D
7. A	8. C	9. B	10. B	11. C	12. B
13. A	14. D	15. C	16. C	17. A	18. C
19. A	20. D	21. D			

（二）多项选择题

1. BCDE	2. AC	3. ABDE	4. ABCD	5. BCD	6. ABCDE
7. ABCD	8. ABCD	9. CDE	10. CDE		

（三）简答题（略）

（四）业务题

习题一

1. 每半年支付一次利息，债券的发行价格计算如下：

未来偿付面值的现值 = 10 000 000 × 0.888 0 = 8 880 000（元）

各期应付利息 = 10 000 000 × 5% ÷ 2 = 250 000（元）

6 期应付利息的现值 = 250 000 × 5.601 4 = 1 400 350（元）

该债券实际发行价格 = 8 880 000 + 1 400 350 = 10 280 350（元）

2. 债券利息于债券到期时同本金一起偿付，则债券的发行价格计算如下：

3 年应付利息 = 10 000 000 × 5% × 3 = 1 500 000（元）

未来应偿付金额 = 10 000 000 + 1 500 000 = 11 500 000（万元）

债券的发行价格 = 未来应偿付金额的现值

= 11 500 000 × 0.889

= 10 223 500（元）

习题二

1. 借入时：

借：银行存款 800 000

    贷：长期借款——本金 800 000

2. 计算半年应付利息：

该笔借款半年应付利息 = 800 000 × 5% = 40 000（元）

2014 年属于施工期，发生的借款利息计入工程成本，6 月 30 日、12 月 31 日计提利息时分别编制会计分录：

借：在建工程 40 000

    贷：长期借款——应计利息 40 000

工程完工的会计分录略。

3. 2015 年、2016 年因工程完工，固定资产已交付使用，所发生的借款利息作为财务费用处理。后两年中的 6 月 30 日、12 月 31 日计提利息时分别编制会计分录：

借：财务费用 40 000

    贷：长期借款——应计利息 40 000

4. 借款到期，E 公司偿付本息合计 124 万元。付款时编制会计分录：

借：长期借款——本金 800 000

           ——应计利息 440 000

    贷：银行存款 1 240 000

习题三

1. 计算 2014 年度专门借款利息费用的资本化金额。本题中尚未动用的专门借款未对外投资，存放在银行备用。为简化，所发生的活期存款利息不予考虑。

专门利息费用资本化金额 = 年利息费用 - 停工期内的利息费用

$$= 2\,000 \times 6\% - 2\,000 \times 6\% \times 4/12$$

$$= 80 \text{（万元）}$$

2. 计算 2014 年度在建工程占用一般借款应予资本化的利息金额。从工程支出明细表可知本项在建工程自 10 月份开始占用一般借款。有关计算如下：

累计资产支出超过专门借款部分的资产支出加权平均数

$$= 100 \times 3 \div 12 + 240 \times 2 \div 12 + 300 \times 1 \div 12 = 90 \text{（万元）}$$

一般借款利率为 10%，故占用一般借款应予资本化的利息金额 = 90 × 10% = 9（万元）

3. 2014 年度应予资本化的利息金额 = 80 + 9 = 89（万元）

4. 计算 2014 年度的借款费用：

2014 年度应付银行借款利息 = 2 000 × 6% + 800 × 10% = 200（万元）

其中，应予资本化的借款利息 89 万元，余额 111 万元计入当年财务费用。有关会计分录为：

借：在建工程	890 000
财务费用	1 110 000
贷：长期借款	2 000 000

习题四

1. 2012 年 12 月 31 日发行债券时：

借：银行存款	77 550 000
应付债券——利息调整	2 450 000
贷：应付债券——面值	80 000 000

2. 采用实际利率法确认的各年应付债券利息及实际利息费用如附表 5 所示：

附表 5　应付债券利息费用计算表
——实际利率法
单位：元

期数	应付利息 ①=面值×4.5%	实际利息费用 ②=上期⑤×5.64%	折价摊销额 ③=②-①	未摊销折价 ④=上期④-③	摊余成本 ⑤=面值-④ 或=上期⑤+③
				2 450 000	77 550 000
1	3 600 000	4 373 820	773 820	1 676 180	78 323 820

续表

期数	应付利息 ①＝面值×4.5%	实际利息费用 ②＝上期⑤×5.64%	折价摊销额 ③＝②－①	未摊销折价 ④＝上期④－③	摊余成本 ⑤＝面值－④ 或＝上期⑤＋③
2	3 600 000	4 417 463	817 463	858 717	79 141 283
3	3 600 000	4 458 717	858 717	0	80 000 000
合计	10 800 000	13 250 000	2 450 000		

3. 2013年12月31日计提债券利息并分摊债券折价：

借：在建工程　　　　　　　　　　　　　　　　　　　　　4 373 820

　　贷：应付债券——利息调整　　　　　　　　　　　　　　　773 820

　　　　应付利息　　　　　　　　　　　　　　　　　　　3 600 000

2014年12月31日计提债券利息并分摊债券折价的会计分录略。

4. 2015年12月31日计提债券利息并分摊债券折价：

借：财务费用　　　　　　　　　　　　　　　　　　　　　4 458 717

　　贷：应付债券——利息调整　　　　　　　　　　　　　　858 717

　　　　应付利息　　　　　　　　　　　　　　　　　　　3 600 000

5. 2016年1月10日付息还本：

借：应付债券——面值　　　　　　　　　　　　　　　　80 000 000

　　应付利息　　　　　　　　　　　　　　　　　　　　3 600 000

　　贷：银行存款　　　　　　　　　　　　　　　　　　83 600 000

习题五

本题中，虽然B公司不服，但一审判决表明，B公司承担了一项现时义务，该义务很可能导致经济利益流出B公司，而且金额能可靠计量。对此B公司应作为预计负债核算。会计分录如下：

借：营业外支出　　　　　　　　　　　　　　　　　　　　2 000 000

　　管理费用　　　　　　　　　　　　　　　　　　　　　　50 000

　　贷：预计负债　　　　　　　　　　　　　　　　　　　2 050 000

第十一章　所有者权益

（一）单项选择题

1. C　　　　2. D　　　　3. B　　　　4. A　　　　5. A　　　　6. B

7. B	8. D	9. B	10. D	11. C	12. B
13. C	14. C	15. A	16. C	17. A	18. A
19. D	20. B	21. C	22. A	23. D	24. C
25. A	26. C	27. B	28. C	29. A	30. C

（二）多项选择题

1. ABCDE	2. BC	3. ABDE	4. ABC	5. BCD	6. BC
7. ACD	8. BD	9. BCD	10. ABCD	11. AB	12. AC
13. AB	14. ABC	15. ACD	16. ACD	17. ABC	18. AB
19. BE	20. ABCDE				

（三）简答题（略）

（四）业务题

习题一

本题各项业务的会计分录如下：

1. 借：银行存款　　　　　　　　　　　　　　　　　　　　　900 000
　　　贷：实收资本——甲　　　　　　　　　　　　　　　　　　　　900 000
2. 借：固定资产　　　　　　　　　　　　　　　　　　　　　256 410
　　　应交税费——应交增值税（进项税额）　　　　　　　　43 590
　　　贷：实收资本——乙　　　　　　　　　　　　　　　　　　　　300 000
3. 借：原材料　　　　　　　　　　　　　　　　　　　　　　256 410
　　　应交税费——应交增值税（进项税额）　　　　　　　　43 590
　　　贷：实收资本——丙　　　　　　　　　　　　　　　　　　　　300 000
4. 借：资本公积　　　　　　　　　　　　　　　　　　　　　500 000
　　　盈余公积　　　　　　　　　　　　　　　　　　　　　500 000
　　　贷：实收资本——甲　　　　　　　　　　　　　　　　　　　　600 000
　　　　　　　　——乙　　　　　　　　　　　　　　　　　　　　200 000
　　　　　　　　——丙　　　　　　　　　　　　　　　　　　　　200 000
5. 借：实收资本——甲　　　　　　　　　　　　　　　　　　540 000
　　　　　　　　——乙　　　　　　　　　　　　　　　　　　180 000
　　　　　　　　——丙　　　　　　　　　　　　　　　　　　180 000
　　　贷：银行存款　　　　　　　　　　　　　　　　　　　　　　900 000

习题二

1. 12 月份所发生业务的会计分录如下：

（1）借：可供出售金融资产　　　　　　　　　　　　　　　　500 000
　　　　贷：其他综合收益　　　　　　　　　　　　　　　　　　　500 000

（2）借：本年利润　　　　　　　　　　　　　　　　　　　1 600 000
　　　　贷：利润分配——未分配利润　　　　　　　　　　　　　1 600 000

（3）借：利润分配——提取法定盈余公积　　　　　　　　　　160 000
　　　　　　　　　　——提取任意盈余公积　　　　　　　　　　 80 000
　　　　贷：盈余公积——法定盈余公积　　　　　　　　　　　　160 000
　　　　　　　　　　——任意盈余公积　　　　　　　　　　　　　80 000

（4）借：利润分配——应付现金股利　　　　　　　　　　　　500 000
　　　　贷：应付股利　　　　　　　　　　　　　　　　　　　　500 000

（5）借：利润分配——应付股票股利　　　　　　　　　　　1 000 000
　　　　贷：股本　　　　　　　　　　　　　　　　　　　　　1 000 000

（6）借：应付股利　　　　　　　　　　　　　　　　　　　　500 000
　　　　贷：银行存款　　　　　　　　　　　　　　　　　　　　500 000

2. 2014 年年末各项所有者权益的数额如下：

股本 = 10 000 000 + 1 000 000 = 11 000 000（元）

资本公积 = 7 500 000 + 500 000 = 8 000 000（元）

盈余公积 = 5 000 000 + 2 000 000 + 160 000 + 80 000 = 7 240 000（元）

未分配利润 = 400 000 + 1 600 000 - 240 000 - 500 000 - 1 000 000 = 260 000（元）

习题三

1. 每股回购价为 0.8 元：

（1）回购时：

借：库存股　　　　　　　　　　　　　　　　　　　　　　2 400 000
　　贷：银行存款　　　　　　　　　　　　　　　　　　　　　2 400 000

（2）注销时：

借：股本　　　　　　　　　　　　　　　　　　　　　　　3 000 000
　　贷：库存股　　　　　　　　　　　　　　　　　　　　　　2 400 000
　　　　资本公积——股本溢价　　　　　　　　　　　　　　　　600 000

2. 每股回购价为 2 元：

（1）回购时：

借：库存股　　　　　　　　　　　　　　　　　　　　　　6 000 000

贷：银行存款		6 000 000

（2）注销时：

借：股本	3 000 000	
资本公积——股本溢价	3 000 000	
贷：库存股		6 000 000

3. 每股回购价为 3 元：

（1）回购时：

借：库存股	9 000 000	
贷：银行存款		9 000 000

（2）注销时：

借：股本	3 000 000	
资本公积——股本溢价	5 000 000	
盈余公积	1 000 000	
贷：库存股		9 000 000

第十二章　收入、费用与利润

（一）单项选择题

1. B	2. D	3. B	4. A	5. A	6. C
7. D	8. A	9. C	10. B	11. D	12. C
13. A	14. C	15. A	16. B	17. C	18. D
19. D	20. A	21. B	22. D	23. B	24. A
25. B	26. C	27. B	28. D	29. A	30. A

（二）多项选择题

1. ABCD	2. ABDE	3. ABCE	4. ACE	5. BCDE	6. BC
7. ABC	8. ABCE	9. ABC	10. ABC	11. ABDE	12. ABCE
13. AB	14. ABCD	15. ABC			

（三）简答题（略）

（四）业务题

习题一

1. 反映实现的销售收入：

借：银行存款 74 880
　　贷：主营业务收入 64 000
　　　　应交税费——应交增值税（销项税额） 10 880

结转销售成本：

借：主营业务成本 40 000
　　贷：库存商品 40 000

2. 办妥托收手续时：

借：应收账款 60 100
　　贷：主营业务收入 50 000
　　　　应交税费——应交增值税（销项税额） 8 500
　　　　银行存款 1 600

结转销售成本：

借：主营业务成本 35 000
　　贷：库存商品 35 000

3. 发出产品时：

借：应收账款 702 000
　　贷：主营业务收入 600 000
　　　　应交税费——应交增值税（销项税额） 102 000

同时结转销售成本：

借：主营业务成本 420 000
　　贷：库存商品 420 000

购货方在折扣期的第 12 天付款，取得现金折扣收入 7 020 元（702 000×1%），甲公司实际收款 694 980 元。收款时：

借：银行存款 694 980
　　财务费用 7 020
　　贷：应收账款 702 000

4. 退回货款及增值税时：

借：主营业务收入 15 000
　　贷：应交税费——应交增值税（销项税额） 2 550（红字）
　　　　银行存款 17 550

将退货入库时：

借：库存商品　　　　　　　　　　　　　　　　　　　　　　　10 500
　　贷：主营业务成本　　　　　　　　　　　　　　　　　　　　　　10 500

5. 支付广告费时：

借：销售费用——广告费　　　　　　　　　　　　　　　　　　5 600
　　贷：银行存款　　　　　　　　　　　　　　　　　　　　　　　5 600

6.

（1）本题中，对附退货权的商品销售无法估计退货率，故不确认收入。发出商品时，对销项增值税编制会计分录：

借：应收账款　　　　　　　　　　　　　　　　　　　　　　　25 500
　　贷：应交税费——应交增值税（销项税额）　　　　　　　　　　25 500

同时：

借：发出商品　　　　　　　　　　　　　　　　　　　　　　　90 000
　　贷：库存商品　　　　　　　　　　　　　　　　　　　　　　　90 000

（2）收到购货方全部货款时：

借：银行存款　　　　　　　　　　　　　　　　　　　　　　175 500
　　贷：应收账款　　　　　　　　　　　　　　　　　　　　　　　25 500
　　　　预收账款　　　　　　　　　　　　　　　　　　　　　　150 000

（3）退货期满没有发生退货，确认收入实现：

借：预收账款　　　　　　　　　　　　　　　　　　　　　　150 000
　　贷：主营业务收入　　　　　　　　　　　　　　　　　　　　150 000

同时结转销售成本：

借：主营业务成本　　　　　　　　　　　　　　　　　　　　　90 000
　　贷：发出商品　　　　　　　　　　　　　　　　　　　　　　　90 000

7. 对外捐款时：

借：营业外支出　　　　　　　　　　　　　　　　　　　　　　50 000
　　贷：银行存款　　　　　　　　　　　　　　　　　　　　　　　50 000

8. 计提各项税费时：

借：营业税金及附加　　　　　　　　　　　　　　　　　　　　11 900
　　贷：应交税费——应交城市维护建设税　　　　　　　　　　　　8 900
　　　　　　　　——应交教育费附加　　　　　　　　　　　　　　3 000

习题二

1. 发出商品并收取销项增值税时：

借：长期应收款　　　　　　　　　　　　　　　　　　　　15 000 000

银行存款		2 550 000
贷：主营业务收入		12 000 000
应交税费——应交增值税（销项税额）		2 550 000
未实现融资收益		3 000 000

2. 乙公司确认销售收入1 200万元，合同价款1 500万元分5次平均收取，每年年末收取300万元。现在需要计算年金300万元、期数为5、现值1 200万元的折现率r，也即分摊未实现融资收益的实际利率。根据上述资料，有：

3 000 000 × PA（5，r）= 12 000 000

经过多次测试，当 r = 7% 时，3 000 000 × PA(5，7%) = 3 000 000 × 4.1002 = 12 300 900

当 r = 8% 时，3 000 000 × PA(5，8%) = 3 000 000 × 3.9927 = 11 978 100

因此，7% < r < 8%。采用插值法计算，r = 7.93%。

附表6　乙公司分期收款销售未实现融资收益计算表　　　　　单位：元

期数	各期收款(1)	确认的融资收入 (2) = 上期(4) × 7.93%	收回价款（本金） (3) = (1) - (2)	摊余金额 (4) = 上期(4) - 本期(3)
				12 000 000
1	3 000 000	951 600	2 048 400	9 951 600
2	3 000 000	789 162	2 210 838	7 740 762
3	3 000 000	613 842	2 386 158	5 354 604
4	3 000 000	424 620	2 575 380	2 779 224
5	3 000 000	220 776	2 779 224	0
合计	15 000 000	3 000 000	12 000 000	

3. 2013年年末收入第一期合同款300万元时：

借：银行存款	3 000 000
贷：长期应收款	3 000 000

同时分摊第一期未实现融资收益951 600元：

借：未实现融资收益	951 600
贷：财务费用	951 600

习题三

1. 2012年A公司所得税核算的有关指标计算如下：

（1）纳税所得额 = 900 - 6 + 8 + 5 + 10 = 917（万元）

（2）应交所得税 = 917 × 25% = 229.25（万元）

（3）年末存货账面价值92万元、计税基础100万元，存货的账面价值小于计税基础8

万元，产生可抵扣暂时性差异 8 万元；年末预计负债账面余额 10 万元、计税基础为 0（即账面价值 10 万元 – 未来税法允许可抵扣金额 10 万元），该项负债的账面价值大于计税基础 10 万元，差额形成可抵扣暂时性差异。

本题中，2012 年年末两项可抵扣暂时性差异合计 18 万元，则产生递延所得税资产。

递延所得税资产 = 18 × 25% = 4.50（万元）

（4）所得税费用 = 应交所得税 – 递延所得税资产本期增加额

$$= 229.25 - 4.50 = 224.75（万元）$$

2. 2012 年年末应交所得税的会计分录：

借：所得税费用 　　　　　　　　　　　　　　　　　　　 2 247 500

　　递延所得税资产 　　　　　　　　　　　　　　　　　　 45 000

　　贷：应交税费——应交所得税 　　　　　　　　　　　 2 292 500

习题四

1. 有关计算如附表 7 所示：

附表 7　递延所得税与所得税费用计算表　　　　　　　　单位：元

项　　目		2011 年	2012 年	2013 年	2014 年	2015 年
会计折旧		400 000	400 000	400 000	400 000	400 000
税法折旧		800 000	480 000	288 000	216 000	216 000
账面价值		1 600 000	1 200 000	800 000	400 000	0
计税基础		1 200 000	720 000	432 000	216 000	0
期末应纳税暂时性差异		400 000	480 000	368 000	184 000	0
纳税所得额		9 600 000	9 920 000	10 112 000	10 184 000	10 184 000
应交所得税		2 400 000	2 480 000	2 528 000	2 546 000	2 546 000
递延所得税负债	期初余额	0	100 000	120 000	92 000	46 000
	期末余额	100 000	120 000	92 000	46 000	0
	本期增加（减少）	100 000	20 000	– 28 000	– 46 000	– 46 000
所得税费用		2 500 000	2 500 000	2 500 000	2 500 000	2 500 000

2. 各年应交所得税核算的会计分录如下：

2011 年年末：

借：所得税费用 　　　　　　　　　　　　　　　　　　　 2 500 000

贷：应交税费——应交所得税　　　　　　　　　　　2 400 000

　　递延所得税负债　　　　　　　　　　　　　　　　100 000

2012 年年末：

借：所得税费用　　　　　　　　　　　　　　　　2 500 000

　　贷：应交税费——应交所得税　　　　　　　　　2 480 000

　　　　递延所得税负债　　　　　　　　　　　　　　20 000

2013 年年末：

借：所得税费用　　　　　　　　　　　　　　　　2 500 000

　　递延所得税负债　　　　　　　　　　　　　　　　28 000

　　贷：应交税费——应交所得税　　　　　　　　　2 528 000

2014 年年末：

借：所得税费用　　　　　　　　　　　　　　　　2 500 000

　　递延所得税负债　　　　　　　　　　　　　　　　46 000

　　贷：应交税费——应交所得税　　　　　　　　　2 546 000

2015 年年末：

借：所得税费用　　　　　　　　　　　　　　　　2 500 000

　　递延所得税负债　　　　　　　　　　　　　　　　46 000

　　贷：应交税费——应交所得税　　　　　　　　　2 546 000

习题五

1. 结转 2012 年度实现的净利润时：

借：本年利润　　　　　　　　　　　　　　　　　4 000 000

　　贷：利润分配——未分配利润　　　　　　　　　4 000 000

2.

（1）2013 年 3 月 1 日，按 2012 年度实现利润提取法定盈余公积时：

借：利润分配——提取法定盈余公积　　　　　　　　400 000

　　贷：盈余公积　　　　　　　　　　　　　　　　　400 000

（2）用资本公积转增股本 4 000 万股：

借：资本公积　　　　　　　　　　　　　　　　40 000 000

　　贷：股本　　　　　　　　　　　　　　　　　40 000 000

（3）2013 年 5 月 5 日，股东大会决议分派现金股利：

借：利润分配——应付现金股利　　　　　　　　　3 000 000

　　贷：应付股利　　　　　　　　　　　　　　　3 000 000

（4）将上述利润分配结转至"未分配利润"明细账户：

借：利润分配——未分配利润　　　　　　　　　　3 400 000

　　　　贷：利润分配——提取法定盈余公积　　　　　　　　　　　400 000

　　　　　　　　　　——应付现金股利　　　　　　　　　　　3 000 000

3. 2013 年年末，结转本年度亏损时：

借：利润分配——未分配利润　　　　　　　　　　　　　7 600 000

　　贷：本年利润　　　　　　　　　　　　　　　　　　　　7 600 000

4. 2014 年 5 月 9 日，用盈余公积补亏时：

借：盈余公积　　　　　　　　　　　　　　　　　　　　2 000 000

　　贷：利润分配——盈余公积补亏　　　　　　　　　　　2 000 000

年末将补亏的盈余公积结转至"未分配利润"明细账户：

借：利润分配——盈余公积补亏　　　　　　　　　　　　2 000 000

　　贷：利润分配——未分配利润　　　　　　　　　　　　2 000 000

第十三章　会计调整

（一）单项选择题

1. B	2. C	3. C	4. C	5. C	6. B
7. D	8. C	9. B	10. B	11. C	12. D
13. D	14. A	15. D	16. A	17. B	18. B
19. B	20. D				

（二）多项选择题

1. ABC	2. CDE	3. ABDE	4. BD	5. BCE	6. ABCDE
7. ABCDE	8. ACD	9. BDE	10. AB	11. ABCD	12. ACDE
13. ABCDE	14. DE	15. ABDE			

（三）简答题（略）

（四）业务题

习题一

1. 会计政策变更的累积影响数计算如附表 8 所示：

附表8　投资性房地产会计政策变更的累积影响数　　　　　　　单位：万元

年度	原价	成本计量模式下的年折旧额	各年末公允价值	公允价值计量模式下的变动收益	税前差异	所得税影响	税后影响
2012	1 000	25	1 200	200	225	56. 25	168. 75
2013	1 000	25	1 500	300	325	81. 25	243. 75
合计		50		500	550	137. 50	412. 50

2. 本题中的投资性房地产后续计量模式改变属于会计政策变更，应采用追溯调整法进行会计处理。2012—2013 年度，该项投资性房地产若采用公允价值计量，每年应分别确认公允价值变动收益200 万元、300 万元，相应增加利润合计500 万元；但成本模式下，每年计提折旧25 万元，两年累计减少利润50 万元；故 2014 年年初改用公允价值模式的累计影响数为550 万元。此外，公允价值变动550 万元会产生递延所得税负债137.50 万元，最终对公司的税后影响金额为412.50 万元。2014 年年初发生会计政策变更时，应编制调整分录如下：

（1）调整会计政策变更累积影响数：

借：投资性房地产——公允价值变动　　　　　　　　　　　　　　5 500 000

　　　贷：利润分配——未分配利润　　　　　　　　　　　　　　　　4 125 000

　　　　　递延所得税负债　　　　　　　　　　　　　　　　　　　　1 375 000

（2）调整后因净利润增加，应补提 10% 的法定盈余公积：

借：利润分配——未分配利润　　　　　　　　　　　　　　　　　412 500

　　　贷：盈余公积　　　　　　　　　　　　　　　　　　　　　　　412 500

习题二

1. 前期会计差错更正金额的计算如附表9所示：

附表9　前期会计差错更正金额计算表　　　　　　　　　　　单位：元

年度	按平均年限法计提的折旧	按双倍余额递减法计提的折旧	补提折旧费用	所得税的影响金额	税后差异
2012	480 000	960 000	480 000	120 000	360 000
2013	480 000	883 200	403 200	100 800	302 400
合计	960 000	1 843 200	883 200	220 800	662 400

2. 编制相关的会计差错更正分录：

（1）补提折旧费用：

借：以前年度损益调整　　　　　　　　　　　　　　　　　　　883 200

　　　贷：累计折旧　　　　　　　　　　　　　　　　　　　　　　　883 200

（2）确认对所得税的影响：

借：递延所得税资产　　　　　　　　　　　　　　　　　　　220 800

　　贷：以前年度损益调整　　　　　　　　　　　　　　　　　　　　220 800

（3）结转税后差异：

借：利润分配——未分配利润　　　　　　　　　　　　　　662 400

　　贷：以前年度损益调整　　　　　　　　　　　　　　　　　　　　662 400

（4）按税后差异调整减少原来提取的盈余公积：

借：盈余公积　　　　　　　　　　　　　　　　　　　　　66 240

　　贷：利润分配——法定盈余公积　　　　　　　　　　　　　　　　66 240

3. 按更正后的会计政策计算的 2014 年度折旧额

$= (12\,000\,000 - 960\,000 - 883\,200) \times 2/25 = 812\,544$（元）

对 H 公司 2014 年度净利润的影响分析：

2014 年度，该生产线采用双倍余额递减法多计提折旧 332 544 元（812 544 − 480 000），由此减少当年利润 332 544 元。又因该差额产生递延所得税资产，导致本年所得税费用减少 83 136 元（332 544 × 25%）。据此，该生产线折旧方法的调整使 H 公司 2014 年度经利润减少 249 408 元（332 544 − 83 136）。

也可直接计算对 2014 年净利润的影响金额：

对 2014 年净利润的影响金额 =（812 544 − 480 000）× 75% = 249 048（元）

习题三

1. 原年折旧额 =（200 000 − 20 000）÷ 9 = 20 000（元）

已提折旧 = 20 000 × 2 = 40 000（元）

会计估计变更后的折旧额 =（200 000 − 40 000 − 10 000）÷（5 − 2）= 50 000（元）

2. 对变更当年的影响：

（1）多提折旧 30 000 元，税前利润减少 30 000 元。

（2）因税法规定的折旧年限不变，2014 年该项固定资产的折旧额仍为 20 000 元，由此产生可抵扣暂时性差异 20 000 元，不考虑其他纳税调整因素，该项会计估计变更产生递减所得税资产 7 500 元。

（3）该项会计估计变更不影响 2014 年的应交所得税，即不考虑其他纳税影响因素，2014 年公司应交所得税与该项会计估计变更前 2 年一致。但因产生递延所得税资产 7 500 元，2014 年公司的所得税费用减少 7 500 元。

（4）2014 年公司的净利润减少 22 500 元（30 000 − 7 500）。

习题四

甲公司的有关会计处理如下：

1. 2013 年 12 月 31 日：

借：营业外支出——诉讼赔偿   200 000

  贷：预计负债——未决诉讼   200 000

2. 2014 年 1 月 20 日：

借：以前年度损益调整   200 000

  贷：其他应付款   200 000

借：其他应付款   200 000

  预计负债   200 000

  贷：银行存款   400 000

借：应交税费——应交所得税   50 000

  贷：以前年度损益调整   50 000

借：利润分配——未分配利润   150 000

  贷：以前年度损益调整   150 000

借：盈余公积   15 000

  贷：利润分配——未分配利润   15 000

第十四章　财务报表

（一）单项选择题

1. A	2. C	3. D	4. A	5. A	6. B
7. D	8. C	9. B	10. D	11. C	12. C
13. C	14. A	15. C	16. B	17. B	18. A
19. C	20. B	21. A	22. B	23. D	24. B
25. D	26. A	27. D	28. C	29. C	30. A

（二）多项选择题

1. ABCDE	2. CD	3. AB	4. ABCE	5. BCD	6. AC
7. ACD	8. BCD	9. AC	10. ACD	11. ABD	12. ABDE
13. ABCDE	14. BD	15. AB	16. BE		

（三）简答题（略）

（四）业务题

习题一

1. "应收账款"项目期末余额 = "应收账款"明细账户借方余额 + "预收账款"明细
　　　　　　账户借方余额 – "坏账准备"账户贷方余额

　　　= 150 000 + 13 000 – 3 000　= 160 000（元）

2. "应付账款"项目期末余额 = "应付账款"明细账户贷方余额 + "预付账款"明细
　　　　　　账户贷方余额

　　　= 300 000 + 18 000 = 318 000（元）

3. "预收账款"项目期末余额 = "预收账款"明细账户贷方余额 20 000 元

4. "预付账款"项目期末余额 = "预付账款"明细账户借方余额 80 000 元

5. "固定资产"项目期末余额 = "固定资产"账户借方余额 – "累计折旧"账户贷方
　　　　　　余额 – "固定资产减值准备"账户贷方余额

　　　= 200 000 – 40 000 – 5 000

　　　= 155 000（元）

6. "持有至到期投资"项目期末余额 = "持有至到期投资"账户借方余额 – "持有至到
　　　　　　期投资"账户借方余额中 1 年内到期的金额 –
　　　　　　"持有至到期投资减值准备"账户贷方余额

　　　= 450 000 – 250 000

　　　= 200 000（元）

习题二

1. 营业收入 = 主营业务收入 + 其他业务收入 = 130 000 + 10 000 = 140 000（元）

2. 营业成本 = 主营业务成本 + 其他业务成本 = 90 000 + 3 000 = 93 000（元）

3. 营业利润 = 营业收入 – 营业成本 – 营业税金及附加 – 销售费用 – 管理费用 – 财务
　　　　　　费用 – 资产减值损失 + 公允价值变动收益 + 投资收益

　　　= 140 000 – 93 000 – 3 600 – 5 000 – 3 000 – 1 000 – 4 200 + 9 000 + 5 000

　　　= 44 200（元）

4. 利润总额 = 营业利润 + 营业外收入 – 营业外支出

　　　　　= 44 200 + 4 000 – 2 000

　　　　　= 46 200（元）

5. 净利润 = 利润总额 – 所得税费用

　　　　= 46 200 – 6 500

　　　　= 39 700（元）

习题三

1. 应收账款期末比期初增加 80 万元，应减少销售商品的现金流入 80 万元；应收票据期末比期初减少 30 万元，应增加销售商品的现金流入 30 万元。本笔业务表明 C 公司在销售商品的活动中收到现金 250 万元（3 000 000 – 800 000 + 300 000）。调整分录为：

借：经营活动现金流量——销售商品收到现金　　　　　　　　2 500 000

　　应收账款　　　　　　　　　　　　　　　　　　　　　　800 000

　　贷：主营业务收入　　　　　　　　　　　　　　　　　　　　3 000 000

　　　　应收票据　　　　　　　　　　　　　　　　　　　　　　300 000

2. 应付账款期末比期初减少 40 万元，应增加购进商品的现金流出 40 万元；存货期末比期初减少 30 万元，表明本期销售了上期购入的存货 30 万元，这并不涉及本期的现金流出，应减少本期的现金流出 30 万元。本笔业务中，C 公司因购买商品支付的现金为 260 万元（2 500 000 + 40 000 – 300 000）。调整分录为：

借：主营业务成本　　　　　　　　　　　　　　　　　　　　2 500 000

　　应付账款　　　　　　　　　　　　　　　　　　　　　　400 000

　　贷：经营活动现金流量——购买商品支付现金　　　　　　　　2 600 000

　　　　存货　　　　　　　　　　　　　　　　　　　　　　　　300 000

3. 本笔业务中，发生现金支出 8 万元。调整分录为：

借：销售费用　　　　　　　　　　　　　　　　　　　　　　80 000

　　贷：经营活动现金流量——支付的其他与经营活动有关的现金　　80 000

4. 本笔业务因出售固定资产收到现金 38 万元，属于投资活动的现金流量。调整分录为：

借：投资活动现金流量——处置固定资产所收回的现金净额　　　380 000

　　累计折旧　　　　　　　　　　　　　　　　　　　　　　200 000

　　贷：固定资产　　　　　　　　　　　　　　　　　　　　　　500 000

　　　　营业外收入　　　　　　　　　　　　　　　　　　　　　80 000

习题四

将利润调节为经营活动的现金流量：

净利润	500 000 元
加：资产减值准备	2 550 元
固定资产折旧	120 000 元
无形资产摊销	30 000 元
长期待摊费用摊销	10 000 元
处置固定资产的损失（减：收益）	–90 000 元

固定资产报废损失	
公允价值变动损失	
财务费用	10 000 元
投资损失（减：收益）	30 000 元
递延所得税资产减少（加：增加）	
递延所得税负债增加（减：减少）	
存货的减少（减：增加）	100 000 元
经营性应收项目的减少（减：增加）	150 000 元
经营性应付项目的增加（减：减少）	314 000 元
其他	
经营活动产生的现金流量净额	1 176 550 元

习题五

1. 销售商品、提供劳务收到的现金

＝5 600 000 +（631 800 – 140 400）+（2 340 000 – 936 000 – 46 800）

＝7 448 600（元）

2. 购买商品、接受劳务支付的现金

＝3 000 000 +（351 000 – 117 000）+（234 000 – 292 500）+（150 000 – 180 000）

＝3 145 500（元）

3. 收回投资所收到的现金 ＝60 000 + 8 000 ＝68 000（元）

4. 分配股利或利润所支付的现金 ＝600 000 + 420 000 – 240 000 ＝780 000（元）

5. 处置固定资产、无形资产和其他长期资产所收到的现金净额

＝1 200 000 – 450 000 + 150 000 ＝900 000（元）

6. 取得借款所收到的现金 ＝300 000 – 0 ＝300 000（元）

7. 支付给职工以及为职工支付的现金 ＝140 000 – 20 000 ＝120 000（元）

8. 购建固定资产、无形资产和长期资产所支付的现金 ＝20 000（元）

附录二　一般企业常用会计科目表

顺序号	编号	会计科目名称
一、资产类		
1	1001	库存现金
2	1002	银行存款
5	1012	其他货币资金
8	1101	交易性金融资产
10	1121	应收票据
11	1122	应收账款
12	1123	预付账款
13	1131	应收股利
14	1132	应收利息
18	1221	其他应收款
19	1231	坏账准备
26	1401	材料采购
27	1402	在途物资
28	1403	原材料
29	1404	材料成本差异
30	1405	库存商品
31	1406	发出商品
32	1407	商品进销差价
33	1408	委托加工物资
34	1411	周转材料
39	1461	融资租赁资产
40	1471	存货跌价准备
41	1501	持有至到期投资
42	1502	持有至到期投资减值准备
43	1503	可供出售金融资产

续表

顺序号	编号	会计科目名称
44	1511	长期股权投资
45	1512	长期股权投资减值准备
46	1521	投资性房地产
47	1531	长期应收款
48	1532	未实现融资收益
50	1601	固定资产
51	1602	累计折旧
52	1603	固定资产减值准备
53	1604	在建工程
54	1605	工程物资
55	1606	固定资产清理
56	1611	未担保余值
62	1701	无形资产
63	1702	累计摊销
64	1703	无形资产减值准备
65	1711	商誉
66	1801	长期待摊费用
67	1811	递延所得税资产
69	1901	待处理财产损溢

二、负债类

顺序号	编号	会计科目名称
70	2001	短期借款
77	2101	交易性金融负债
79	2201	应付票据
80	2202	应付账款
81	2203	预收账款
82	2211	应付职工薪酬
83	2221	应交税费
84	2231	应付利息
85	2232	应付股利
86	2241	其他应付款

顺序号	编号	会计科目名称
93	2401	递延收益
94	2501	长期借款
95	2502	应付债券
100	2701	长期应付款
101	2702	未确认融资费用
102	2711	专项应付款
103	2801	预计负债
104	2901	递延所得税负债

三、共同类

106	3002	货币兑换
107	3101	衍生工具
108	3201	套期工具
109	3202	被套期项目

四、所有者权益类

110	4001	实收资本
111	4002	资本公积
112	4101	盈余公积
114	4103	本年利润
115	4104	利润分配
116	4201	库存股

五、成本类

117	5001	生产成本
118	5101	制造费用
119	5201	劳务成本
120	5301	研发支出
121	5401	工程施工
122	5402	工程结算

六、损益类

124	6001	主营业务收入
129	6051	其他业务收入

续表

顺序号	编号	会计科目名称
130	6061	汇兑损益
131	6101	公允价值变动损益
132	6111	投资收益
136	6301	营业外收入
137	6401	主营业务成本
138	6402	其他业务成本
139	6403	营业税金及附加
149	6601	销售费用
150	6602	管理费用
151	6603	财务费用
153	6701	资产减值损失
154	6711	营业外支出
155	6801	所得税费用
156	6901	以前年度损益调整